정순진 경영학개론

정순진 편저

1차 | 기출문제집 제1판

합격
★ 노하우가 ★
다르다

Since 1972

박문각 공인노무사

10여 년간 공인회계사 준비생들을 위한 경영학 강의를 하다가, 공기업, 국정원, 경호처, 언론사를 위한 학원을 설립하였고, 공기업 분야에서는 10여 년간 경영학, 재무관리, 회계학, 경제학 등을 직접 강의했습니다. 최근에는 약 8년간 공인노무사와 7급, 9급 군무원, 7급 감사직 공무원 준비생들을 위한 강의를 하고 있습니다.

이 기간 동안 선생으로, 원장으로, 때로는 선배로 다양한 형편의 수험생들과 함께 고민하며, 최단기간 합격 노하우를 실행해보고, 검증해 왔습니다. 매년 업그레이드한 노하우를 수험생들에게 전수시켜 합격 소식을 전하는 학생들과 많이 기뻐했습니다.

이 책을 보시게 될 수험생 여러분 반갑습니다. 저와 함께 6개월 ~ 1년을 고생하며 합격의 영광을 차지하시길 바랍니다. 단순히 이론만 전달하는 것이 아닌, 문제풀이 요령과 실전 대비 노하우 등을 전달해 드리겠습니다. 이 책은 공인노무사 경영학개론 기출문제집으로 2010년~2025년까지 기출문제들을 단원별로 분류하고 해설을 추가하여 최근의 출제경향을 수험생 스스로 파악할 수 있도록 하였습니다.

박문각 출판사의 대표님, 노일구 부장님께서 기회를 주셔서, 공인노무사 시험 대비 경영학 이론서, 문제집, 모의고사 등을 출간하게 된 것에 대해 이 지면을 통해 감사드립니다. 그리고 그림과 그래프, 표가 많아 편집에 고생이 많았을 편집자님께도 감사를 드립니다. 마지막으로 계속 늦어져 기다리기에 지치신 학원 원장님과 수강생들, 그리고 가족들에게 죄송합니다. 오래 기다리셨던 만큼 이 책으로 보답하겠습니다.

편저자 정순진

1. 공인노무사 시험 경영학 최근 5개년 기출문제 분석

	2021년	2022년	2023년	2024년	2025년
경영원론 및 경영전략	패욜의 일반관리 원칙(상) 콘체른(중) 캐롤 사회적 책임단계(상)	프랜차이즈(하) 포터의 산업구조분석(하) 호손공장 실험(하) 맥그리거의 Y이론(하)	기업의 형태(하) 경영환경(하)	테일러의 과학적 관리법(중) 카츠의 경영자 기술(하) 경계 연결(상) 관리과정 단계(하) 캐롤의 사회적 책임(하) 포터의 산업구조분석(하)	포터의 가치사슬(하) 포터의 원가우위전략(하) 아웃소싱(하) 기업의 형태(하) 컨글로메리트(하)
계량의사 결정론 및 생산관리	식스시그마(중) SCM(하)	EOQ(중) 린 생산(중) 평균절대오차(상) SERVQUAL(중)	제품설계 기법(중) 수요예측기법(하) 도요타생산시스템(중) 채찍효과(하)	가치공학/가치분석(하) 가중이동평균법 계산(중) 공급사슬관리 효율성 지표(중) 적시생산시스템(하) 생산관리의 목표(하) 외부 실패비용(상)	제품설계 고려사항(중) 서비스의 특성(하) 공정-제품 행렬(중) 규모의 비경제(하) 라인밸런싱(하) Q-시스템(하) 공급사슬 채찍효과의 원인(중)
조직 행위론	허츠버그 2요인이론(하) 마키아벨리즘(중) 권력 유형(중) 집단의사결정 기법(중)	조직설계의 상황변수(하) 조직생태학 이론(상)	귀인이론(하) Big 5모형(중) 집단사고(하) 상황적합리더십이론(하) 민츠버그 조직유형(하) 조직수명주기단계(중)	의사소통 저해요인(하) 변혁적 리더십의 구성요소(중) 네트워크 조직(중) 페로우의 기술유형 분류(하) 마일즈-스노우의 전략유형(상) 핵심자기평가(상) 킬만의 갈등관리 유형(중)	켈리의 입방체 이론(하) 로키치의 최종가치(중) 심리적 임파워먼트(상) 리더십 상황이론(하) 우드워드 기술분류(하) 민츠버그 조직유형(하)
인적 자원관리	전통적 직무설계(하) 직무특성모형(중) 인사평가 오류(중) 액션러닝(상)	직무스트레스(상) 직무분석(중) 스캔론플랜(하)	직무특성이론(중)	직무평가 방법(하) 임금형태의 정의(하) 인사고과 상의 오류(중) 단체교섭의 유형(중) 외부모집과 내부모집(중)	인력의 수요공급 예측기법(중) 승진관리(중) 홀의 경력단계(상) 연공급(하)
마케팅	GE/맥킨지 매트릭스(하) 선매품(중) 브랜드의 요소(상) 서비스의 특징(중)	제품-시장확장전략(하) 신제품 상표전략(하) 가격결정 전략(상) 수평적마케팅시스템(하)	마케팅 개념(중) BCG 매트릭스(하) 혁신수용자 유형(중) 광고, 홍보, PR(하)	시장세분화(하) 제품수명주기(하) 가격전략(중) 소비자 판촉수단(상) 브랜드 자산(중)	마케팅 관리철학(중) 제품-시장 확장격자(하) 로저스 혁신제품 수용자(중) 선매품, 전문품, 편의품(하) 서비스의 특성(하) 가격차별(하) 수직적 마케팅시스템(하)
재무관리	내부수익률법(중) SML과 CML(중) 자본비용(중) 포트폴리오 기대수익(하)	투자안 평가 방법(하) 포트폴리오의 분산(중) SML(중)	M&A 방어전략(중)	항상성장모형 주가 계산(중) CML과 SML의 비교(하) 투자안의 경제성 분석기법(중) 총자산회전율 계산(중) 듀레이션 계산(상)	수익성지수와 NPV 계산문제(중) 포트폴리오 계산문제(하) CAPM 계산문제(중) CML과 SML의 비교(하) 자본비용 계산문제(하) 옵션(하)
회계학	거래의 효과(하) 유형자산 항목(하) 부채의 분류(중)	자산항목 분류(하) 자본액 계산(중) 분개(하)	거래의 분개(하) 매출이익계산(상) 재무제표(하) 매출채권회수기간(중) 사채 발행금액(중)	거래의 분개(하) 재무비율 개념의 이해(중) 감가상각 개념의 이해(하) 유형자산의 취득원가 포함 범위(하)	이월계정, 소멸계정(하) 이익 계산문제(하) 재고자산 계산문제(하) 유형자산 취득원가(중) 예수금(하) 자본조정(하)
MIS	TPS(하)	클라우딩 컴퓨팅(중) 피싱(하)	랜섬웨어(중) 무어의 법칙(하)	엣지컴퓨팅(중) 비정형 텍스트 데이터(중)	

2. 2025년 공인노무사 시험 경영학 출제 유형 분석 및 총평

1) 시험의 전반적인 난이도는 2024년보다 쉬워졌으나, 수험생들이 느끼는 난이도는 큰 차이가 없었을 것으로 보인다.

2025년 시험 난이도 분포를 2024년과 비교해 보면, 2024년에 난이도 '하'에 해당하는 문제는 17문제, 난이도 '중'에 해당하는 문제는 17문제, 난이도 '상'에 해당하는 문제는 6문제였으나, 2025년에는 난이도 '하'에 해당하는 문제는 28문제, 난이도 '중'에 해당하는 문제는 10문제, 난이도 '상'에 해당하는 문제는 2문제였다. 난이도 '하'에 해당하는 문제는 대폭 늘리고, 난이도 '중'의 문제와 난이도 '상'의 문제는 소폭 줄였음을 알 수 있다. 2025년 노무사 시험은 난이도 조절로 인해, 2024년에 비해 변별력이 낮아졌음을 시사한다. 그러므로 수험생들 간의 점수 차가 크지 않을 것이다. 2024년부터 시험이 40문제로 늘어나면서 난이도가 어려워질 것으로 예상하고 공부량을 늘렸던 수험생들은 1~2문제를 제외하고는 난이도가 너무 쉬워서 허탈했을 수도 있다. 공부를 기본 수준에서 정리한 수험생들이라면 대부분 85점(34개)~87.5점(35개) 사이에 머물고 있을 것으로 보인다. 물론 공부가 제대로 된 수험생들은 92.5점(37개)~95점(38개) 정도 득점했을 것이다. 결론적으로, 2025년 시험의 난이도는 2020~2021년, 2023년과 비슷해졌고, 2022년, 2024년보다는 다소 쉬워졌다. 그럼에도 불구하고 이는 공인노무사 시험의 평균 수준에 해당한다. 2025년의 난이도를 감안하면 2026년 노무사 시험은 다소 어려워질 것으로 예상된다.

2) 생산관리, 마케팅관리, 재무관리, 회계학의 출제 빈도가 많이 늘었고, 난이도 상의 문제가 조직행위론과 인적자원관리 파트에 집중되었다.

2022년에는 2021년에 비해, 생산관리의 출제 빈도가 많이 늘었었고, 조직행위론의 빈도는 많이 줄었었다. 2023년에는 출제 빈도가 정반대 방향(즉, 조직행위론과 회계학의 출제 빈도가 많이 늘었고, 경영학원론, 인적자원관리, 재무관리의 빈도는 많이 줄었다)으로 변했었다. 2024년에는 전 영역에서 골고루 출제되었다. 특히 주목할 점은 난이도 상의 문제를 어느 특정 영역에 몰아서 출제하지 않고 전 영역에 걸쳐서 골고루 출제했다는 것이다. 그러므로 과거의 출제 빈도 및 난이도를 너무 맹신해서는 안 된다. 이는 특정 과목을 포기하거나 생략해서는 안 됨을 의미한다. 특히 재무관리와 회계학 부분을 포기하거나 무시하는 수험생들이 있는데, 이럴 경우 합격하는 데 상당한 어려움이 있을 것이다. 왜냐하면 방대한 일반 경영 파트에 비해 재무관리나 회계학 파트는 시험에 나오는 범위가 어느 정도 정해져 있고, 출제유형도 정형화되어 있기 때문이다. 답을 찾는 과정도 쉽고, 문제해결에 걸리는 시간도 매우 짧다. 반면 일반 경영 파트에서는 교과서에 등장하지 않는 시사적인 내용도 곧 잘 출제되고, 난이도 상 수준으로 나오는 경우도 심심치 않다(올해 시험도 마찬가지였음). 특히 공인노무사 시험의 특성상 2차 시험과목과 겹치는 조직행위론이나 인적자원관리 파트는 출제범위가 상당히 넓고, 난이도도 들쑥날쑥하다는 것을 염두에 두면 좋을 것이다.

2025년에는 2024년에 비해 경영학원론 파트에서 1문제 줄어들고, 생산관리 파트에서 1문제(마케팅 파트와 중복 반영) 늘어났다. 조직행위론과 인사관리 파트에서 2문제 줄어들고 마케팅 파트에서 2문제(생산관리 파트와 중복 반영)가 늘어났다. MIS 파트는 1문제도 출제되지 않았고, 재무관리와 회계학 파트에서는 3문제가 늘었다.

2026년 시험을 예상하면서 주목할 점은 MIS 파트의 비중이 감소(출제 문제 0)하고, 재무관리와 회계학 파트의 비중(40문제 중 12문제, 30%)이 늘어났다는 점이다. 2024년과 다른 방향을 제시했는데, MIS를 출제하지 않은 것이 일시적 현상인지, 정착된 현상인지 관심을 갖고 지켜볼 필요가 있다.

3) 2026년 공인노무사 시험은 어떻게 준비해야 하나?

경영학은 다른 과목에 비해 이해하기도 쉽고, 답을 찾는 데 시간이 거의 들지 않으니, 전략 과목으로 삼고 준비해야 한다. 2024년부터는 경영학 문제수가 40문제로 늘어났다. 일반경영 파트로 비교 시 회계사 시험보다도 문제수가 많아진다(회계사 시험에서 일반경영 파트는 8문제 정도 출제되고, 나머지는 전부 재무관리 파트에서 출제). 어쩔 수 없이 구석에서, 난이도 상의 문제가 앞으로 점점 많이 출제될 수밖에 없다. 공부량은 늘어나겠지만 공부방법만 조금 보완하면 준비하는 데 크게 어려움이 없을 것이다. 전략과목인 경영학 40문제 푸는 시간을 20분~22분 정도에 맞추고, 남는 시간을 다른 과목에 할애하면 된다. 점수도 평균 이상을 득점하여 취약 과목의 점수를 보완해 줘야 한다.

4) 경영학 강의 첫째 시간에 소개하는 6단계 공부법을 간단히 요약해 본다.

우선, 기본이론을 3회독 이상 돌리며 흐름도를 포함하여 탄탄히 정리한 후, 기출문제를 통해 공인노무사 경영학 시험의 특성과 난이도를 파악해야 한다.

심화이론을 추가로 정리하며, 난이도 상에 해당하는 이론들(특히, 조직과 인사 파트)에 대해 준비한다. 이때 공인노무사가 아닌 다른 시험의 경영학 문제를 구해서 최근의 추세나 유행하는 문제를 파악한다.

연습문제와 모의고사를 통해 실전 연습을 반복한다.

너무 많은 이론이나 너무 많은 문제를 풀어 보는 것은 비효율적이고 시간 낭비가 될 가능성이 많다. 기본이론을 반복해서 정리하고, 모르는 문제나 생소한 문제를 만났을 때 해결방법, 즉 문제 푸는 능력을 갖추는 것이 더 중요하다. 문제 풀이 수업에서 소개되는 다양한 방법을 내 것으로 체화시키는 작업이 필요하다.

차례

CONTENTS | PREFACE | GUIDE

PART 01 경영학개론 7

Chapter 01 경영전략/경영학 원론 8

Chapter 02 생산 및 운영관리 26

Chapter 03 조직행위론 47

Chapter 04 인적자원관리론 76

Chapter 05 마케팅 99

PART 02 재무관리 125

PART 03 회계학 145

PART 04 MIS 171

PART 01
경영학개론

Chapter 01 경영전략/경영학 원론

01 테일러(F.W. Taylor)의 과학적 관리법의 내용에 해당되지 않는 것은? ▶ 2010년 공인노무사

① 공정한 일일 작업량 설정
② 시간연구 및 동작연구
③ 차별성과급제
④ 기능식 직장제도
⑤ 사회적 접근

해설 테일러(F.W. Taylor)는 X이론에 입각하여, 수동적인 종업원을 통제(관리)하기 위해 ① 공정한 일일 작업량 설정, ② 시간연구 및 동작연구, ③ 차별성과급제, ④ 기능식 직장제도 등의 과학적 관리법을 주장하였다.

오답해설
⑤ 사회적 접근은 Y이론에 의한 인간관계 관리에 해당된다.

02 포터(M.E. Porter)가 주장한 경쟁력 확보를 위한 본원적 전략에 해당되는 것은?

▶ 2010년 공인노무사

① 제품전략, 서비스전략
② 유지전략, 혁신전략
③ 구조전략, 기능전략
④ 원가우위전략, 차별화 전략
⑤ 구조조정전략, 인수합병전략

해설 ④ 포터(M.E. Porter)의 본원적 전략은 사업부 전략으로 원가우위전략, 차별화 전략, 집중화 전략이 있다.

오답해설
• **기업 전략** : 유지전략, 구조전략, 구조조정전략, 인수합병전략
• **기능별 전략** : 제품전략, 서비스전략, 기능전략

03 회계나 재무적 관점으로만 경영성과를 평가하는 전통적 성과 평가 방식을 탈피하여 재무, 고객, 내부 프로세스 및 학습·성장 등의 네 가지 관점에서 경영성과를 평가하는 경영기법은?

▶ 2010년 공인노무사

① CRM
② BSC
③ SCM
④ KMS
⑤ ERP

해설 ② 균형성과표(BSC)는 외부성과(즉, 재무성과)와 내부성과(즉, 고객, 내부 프로세스, 학습·성장 성과)의 균형을 추구하는 기법이다.

오답해설
① CRM(고객관계관리)
③ SCM(공급사슬관리)
④ KMS(지식경영시스템)
⑤ ERP(전사적 자원관리)

04 목표에 의한 관리(MBO)의 주요 특성이 아닌 것은?

▶ 2010년 공인노무사

① 목표달성 기간의 명시
② 상사와 부하 간의 협의를 통한 목표설정
③ 다면평가
④ 목표의 구체성
⑤ 실적에 대한 피드백

해설 목표에 의한 관리(MBO)는 회사와 종업원이 단기적, 수리적 목표를 함께 정하고, 계속적인 피드백을 통해 점검하는 기법이다. 즉, 상사와 부하 간의 협의를 통한 목표설정(②), 단기적, 수리적 목표설정(① 목표달성 기간의 명시, ④ 목표의 구체성), 실적에 대한 피드백(⑤)은 목표에 의한 관리(MBO)에 해당한다.

오답해설
③ 다면평가는 360도 평가라고도 하며, 주로 공무원 조직에서 사용하는 인사고과 방법이다.

정답 01 ⑤ 02 ④ 03 ② 04 ③

05 주식회사에 관한 특징으로 옳지 않은 것은?   ▶ 2011년 공인노무사

① 주주의 유한책임
② 소유와 경영의 분리 가능
③ 소유권 이전의 어려움
④ 자본의 증권화
⑤ 대규모 자본조달 가능

해설 ③ 주식회사는 자본을 낮은 액면가의 주식으로 분할하여 거래하게 하므로, 소유권 이전이 용이하다는 장점이 있다.

06 현대 경영학 이론에 관한 설명으로 옳지 않은 것은?   ▶ 2011년 공인노무사

① 과학적 관리법에서는 효율과 합리성을 강조한다.
② 인간관계론에서는 인간의 사회·심리적 요인을 중시한다.
③ 행동과학이론에서는 조직 내 비공식조직의 활용을 중시한다.
④ 시스템이론에서는 조직을 여러 구성인자가 유기적으로 상호작용하는 결합체로 본다.
⑤ 상황이론에서는 조직구조가 조직이 처한 상황에 적합해야 한다고 본다.

해설 ③ 행동과학이론은 개인의 행동을 자극을 통해 바꿀 수 있다고 가정한다. 조직 내 비공식조직의 활용을 중시하는 이론은 인간관계론이다.

07 해외시장으로의 진출 전략에 관한 설명으로 옳지 않은 것은?   ▶ 2011년 공인노무사

① 전략적 제휴는 다른 기업들과 특정 사업 및 업무 분야에 걸쳐 협력관계를 맺어 공동으로 해외사업에 진출하는 전략이다.
② 해외자회사의 장점은 해외시장에서 많은 자금과 기술을 운영하면서 기업의 자산들을 해외정부로부터 안전하게 지킬 수 있는 것이다.
③ 라이선싱(licensing)은 자신의 제품을 생산할 수 있는 권리를 일정한 대가를 받고 외국 기업에게 일정기간 동안 부여하는 것을 말한다.
④ 국제합작투자의 장점은 기술의 공유, 위험의 분산, 마케팅 및 경영 노하우의 공유 등이다.
⑤ 해외직접투자는 기술·자본·상표·경영능력 등 여러 생산요소가 하나의 시스템으로 해외에 이전되는 것을 말한다.

해설 ② 해외자회사는 해외시장에 많은 자금과 기술을 직접 투자하는 것이므로, 계약에 의한 진출에 비해 투자된 해외자산에 대한 위험도가 높고, 기업의 자산들을 해외정부로부터 안전하게 지킬 수 없으므로 해외정부로부터의 보호도 어렵다. 해외자회사가 해외정부로부터 기업의 자산들을 안전하게 지키려면, 조인트벤처나 프랜차이징이 유리하다.

08 포터(M. Porter)가 제시한 산업경쟁에 영향을 미치는 5개의 요인에 해당되지 않는 것은?

▶ 2012년 공인노무사

① 대체품의 위협
② 진입장벽
③ 구매자의 교섭력
④ 산업 내 경쟁업체들의 경쟁
⑤ 원가구조

해설 ⑤ 원가구조는 사업부 전략이다.

09 인간관계론의 내용에 관한 설명으로 옳은 것은?

▶ 2012년 공인노무사

① 과학적 관리법과 유사한 이론이다.
② 인간 없는 조직이란 비판을 들었다.
③ 심리요인과 사회요인은 생산성에 영향을 주지 않는다.
④ 비공식집단을 인식했으나 그 중요성을 낮게 평가했다.
⑤ 메이요(E. Mayo)와 뢰슬리스버거(F. Roethlisberger)를 중심으로 호손실험을 거쳐 정리되었다.

해설 오답해설

① 인간관계론은 과학적 관리법에 대한 반발로 탄생하였으므로 과학적 관리법과 상반된 이론으로 볼 수 있다.
② 조직 없는 인간이란 비판을 들었다.
③ 인간관계론에서는 심리요인과 사회요인은 생산성에 영향을 준다고 본다.
④ 비공식집단을 인식했고, 그 중요성을 높게 평가했다.

10 기업가 정신의 핵심요소가 아닌 것은?

▶ 2012년 공인노무사

① 비전의 제시와 실현욕구
② 창의성과 혁신
③ 성취동기
④ 인적 네트워크 구축
⑤ 도전정신

해설 ④ 기업가 정신은 실패를 두려워하지 않고, 도전하는 정신을 의미하며, 인적 네트워크 구축과는 거리가 멀다.

정답　05 ③　06 ③　07 ②　08 ⑤　09 ⑤　10 ④

11 현대 경영이론에서 계획, 조직, 지휘, 조정, 통제의 관리기능을 주장한 사람은?

▸ 2013년 공인노무사

① F.W. Taylor
② Henry Ford
③ H.A. Simon
④ Henri Fayol
⑤ H. Mintzberg

해설 ④ Henri Fayol은 계획, 조직, 지휘, 조정, 통제의 관리기능을 주장하였다.

12 차별화 전략의 원천에 해당되는 것은?

▸ 2014년 공인노무사

① 경험효과
② 규모의 경제
③ 투입요소 비용
④ 생산시설 활용도
⑤ 제품의 특성과 포지셔닝

해설 **오답해설**
① 경험효과, ② 규모의 경제, ③ 투입요소 비용, ④ 생산시설 활용도는 모두 원가우위전략과 관련되어 있다.

13 기업성과를 높이기 위해 정보통신기술을 적극적으로 활용하여 업무과정을 근본적으로 재설계하는 경영기법은?

▸ 2014년 공인노무사

① 콘커런트 엔지니어링
② 비즈니스 프로세스 리엔지니어링
③ 조직 리스트럭처링
④ 다운사이징
⑤ 벤치마킹

해설 ② 비즈니스 프로세스 리엔지니어링(BPR)은 업무의 흐름을 근본적으로 개선하려는 기법이다.

14 무한책임사원과 유한책임사원으로 구성된 상법상의 기업형태는?

▸ 2014년 공인노무사

① 합명회사
② 합자회사
③ 유한회사
④ 주식회사
⑤ 자영회사

해설 ② 합자회사 : 무한책임사원과 유한책임사원으로 구성

오답해설
① 합명회사 : 2인 이상의 무한책임사원으로만 구성
③ 유한회사 : 1인 이상의 유한책임사원으로만 구성

15 포터(M. Porter)의 가치사슬모델에서 주요 활동에 해당하지 않은 것은? ▸ 2015년 공인노무사

① 운영·제조
② 입고·출고
③ 고객서비스
④ 영업·마케팅
⑤ 인적자원관리

해설 ⑤ 인적자원관리는 보조활동(지원활동)에 해당한다.

16 테일러(F. Taylor)의 과학적 관리의 특징으로 옳지 않은 것은? ▸ 2015년 공인노무사

① 과업관리
② 작업지도표 제도
③ 차별적 성과급제
④ 기능식 직장제도
⑤ 컨베이어 시스템

해설 ⑤ 컨베이어 시스템은 포드시스템의 특징에 해당한다.

17 막스 베버(Max Weber)가 제시한 관료제 이론의 주요 내용이 아닌 것은?

▸ 2016년 공인노무사

① 규정에 따른 직무배정과 직무수행
② 능력과 과업에 따른 선발과 승진
③ 상황적합적 관리
④ 계층에 의한 관리
⑤ 규칙과 문서에 의한 관리

해설 ③ 상황적합적 관리는 현대적 관리기법으로, 전통적 관리인 관료제 이론에 해당되지 않는다.

정답 11 ④ 12 ⑤ 13 ② 14 ② 15 ⑤ 16 ⑤ 17 ③

18 다음에서 설명하는 경영혁신 기법으로 옳은 것은?

▸ 2016년 공인노무사

> 통계적 품질관리를 기반으로 품질혁신과 고객만족을 달성하기 위하여 전사적으로 실행하는 경영혁신 기법이며 제조과정뿐만 아니라 제품개발, 판매, 서비스, 사무업무 등 거의 모든 분야에서 활용 가능함

① 학습조직(learning organization)
② 다운사이징(downsizing)
③ 리스트럭처링(restructuring)
④ 리엔지니어링(reengineering)
⑤ 6시그마(six sigma)

해설 ⑤ 100만 개 중 불량 3.4개를 추구하는 6시그마(six sigma)는 초기에는 품질관리기법이었으나, 최근에는 기업의 경영관리기법으로 확장되었고, 적용 분야가 넓어졌다.

19 브릭스(BRICs)로 일컬어지는 신흥경제권 국가가 아닌 것은?

▸ 2016년 공인노무사

① 인도
② 캐나다
③ 러시아
④ 브라질
⑤ 중국

해설 브릭스(BRICs) : B(브라질), R(러시아), I(인도), C(중국)

20 경영이론의 주창자와 그 내용이 옳지 않은 것은?

▸ 2017년 공인노무사

① 테일러(Taylor) : 차별적 성과급제
② 메이요(Mayo) : 비공식 조직의 중시
③ 페이욜(Fayol) : 권한과 책임의 원칙
④ 포드(Ford) : 고임금 고가격의 원칙
⑤ 베버(Weber) : 규칙과 절차의 중시

해설 ④ 포드(Ford) : 고임금 저가격의 원칙

21

호손실험(Hawthorne experiment)의 순서가 바르게 나열된 것은? ▸ 2017년 공인노무사

ㄱ. 면접실험   ㄴ. 조명실험
ㄷ. 배전기 전선작업실 관찰   ㄹ. 계전기 조립실험

① ㄱ → ㄴ → ㄷ → ㄹ   ② ㄱ → ㄹ → ㄷ → ㄴ
③ ㄴ → ㄹ → ㄱ → ㄷ   ④ ㄴ → ㄹ → ㄷ → ㄱ
⑤ ㄹ → ㄱ → ㄷ → ㄴ

해설 ③ 호손실험 순서 : 조명실험 → 계전기 조립실험 → 면접실험 → 배전기 전선작업실 관찰

22

동종 또는 유사업종의 기업들이 법적, 경제적 독립성을 유지하면서 협정을 통해 수평적으로 결합하는 형태는? ▸ 2018년 공인노무사

① 지주회사(holding company)   ② 카르텔(cartel)
③ 컨글로메리트(conglomerate)   ④ 트러스트(trust)
⑤ 콘체른(concern)

해설 ② 카르텔(cartel) : 법적, 경제적 독립성 유지

오답해설
④ 트러스트(trust) : 법적, 경제적 독립성 상실
⑤ 콘체른(concern) : 법적 독립성 유지, 경제적 독립성 상실

23

포터(M. Porter)의 경쟁전략 유형에 해당하는 것은? ▸ 2018년 공인노무사

① 차별화(differentiation) 전략   ② 블루오션(blue ocean) 전략
③ 방어자(defender) 전략   ④ 반응자(reactor) 전략
⑤ 분석자(analyzer) 전략

해설 **오답해설**
③ 방어자(defender) 전략, ④ 반응자(reactor) 전략, ⑤ 분석자(analyzer) 전략은 마일즈와 스노우의 전략이다.

〈참고〉 마일즈 & 스노우의 4가지 전략 유형
공격형(개척형), 방어형, 분석형(모방형), 반응형(방임형)

정답 18 ⑤   19 ②   20 ④   21 ③   22 ②   23 ①

24 테일러(F.W. Taylor)의 과학적 관리법에 관한 설명으로 옳지 않은 것은? ▸ 2019년 공인노무사

① 시간 및 동작 연구
② 기능적 직장제도
③ 집단 중심의 보상
④ 과업에 적합한 종업원 선발과 훈련 강조
⑤ 고임금 저노무비 지향

해설 ③ 테일러(F.W. Taylor)는 개인 작업의 동작연구와 시간연구를 통해 과업관리를 하고자 했으므로 개인 중심의 보상이다.

25 ㈜한국은 정부의 대규모 사업에 참여하면서 다수 기업과 공동출자를 하고자 한다. 이 전략 유형에 해당하는 것은? ▸ 2020년 공인노무사

① 우회전략(turnaround strategy)
② 집중전략(concentration strategy)
③ 프랜차이징(franchising)
④ 컨소시엄(consortium)
⑤ 포획전략(captive strategy)

해설 **오답해설**

① 우회전략(turnaround strategy) : 산업의 매력도는 높으나 내부적 문제가 있을 때 사용한다. 활동의 효율성을 높이는 데 초점을 둔다.
⑤ 포획전략은(captive strategy) : 중간 정도 매력도나 쇠퇴하는 산업이고, 약한 경쟁력 상태이며, 우회가 어려울 때 사용한다. 주요고객에 집중하고 범위를 축소하며, 약간의 기능 활동을 한다.

〈참고〉
축소전략 중 개선 여지가 있을 때는 우회전략이나 포획전략을 사용하며, 축소전략 중 개선 여지가 없을 때는 수확전략이나 처분, 청산전략을 사용한다. 이 전략은 투자나 광고를 줄이고 장기적으로는 탈출을 한다.

26 기업의 사회적 책임 중에서 제1의 책임에 해당하는 것은? ▸ 2020년 공인노무사

① 법적 책임
② 경제적 책임
③ 윤리적 책임
④ 자선적 책임
⑤ 환경적 책임

해설 캐롤 피라미드 모형에서 기업의 사회적 책임의 단계 : 경제적 책임 → 법적 책임 → 윤리적 책임 → 자선적 책임

27 MBO에서 목표설정 시 SMART 원칙으로 옳지 않은 것은? ▸ 2020년 공인노무사

① 구체적(specific)이어야 한다.
② 측정가능(measurable)하여야 한다.
③ 조직목표와의 일치성(aligned with organizational goals)이 있어야 한다.
④ 현실적이며 결과지향적(realistic and result-oriented)이어야 한다.
⑤ 훈련가능(trainable)하여야 한다.

> **해설** ⑤ 훈련가능(trainable)은 MBO에서 목표설정 시 SMART 원칙에 해당하지 않는다.
>
> 〈참고〉 MBO의 SMART 원칙
> 1) 구체적(Specific)
> 2) 측정가능(Measurable)
> 3) 조직목표와의 일치성(Aligned with organizational goals) 또는 achievable(달성 가능)
> 4) 현실적, 결과지향적(Realistic and result-oriented)
> 5) 기한이 있는(Time bounded)

28 포터(M. Porter)의 가치사슬(value chain)모델에서 주요활동(primary activities)에 해당하는 것은? ▸ 2020년 공인노무사

① 인적자원관리 ② 서비스
③ 기술개발 ④ 기획·재무
⑤ 법률자문

> **해설** **오답해설**
> ① 인적자원관리, ③ 기술개발, ④ 기획·재무, ⑤ 법률자문은 보조(지원)활동에 해당한다.

29 페이욜(H. Fayol)의 일반적 관리원칙에 해당하지 않는 것은? ▸ 2021년 공인노무사

① 지휘의 통일성 ② 직무의 분업화
③ 보상의 공정성 ④ 조직의 분권화
⑤ 권한과 책임의 일치

> **해설** ④ 조직의 분권화 → 중앙집권화
>
> 〈참고〉 페이욜의 일반원칙 14가지
> 직무분권화(②), 권한과 책임의 일치(⑤), 규율·명령일원화, 지휘 통일(①), 전체이익 우선, 보상의 공정성(③), 중앙집권화, 수직 계층화, 질서 유지, 공정성, 고용의 안정성, 창의성과 자발성, 협동성

정답 24 ③ 25 ④ 26 ② 27 ⑤ 28 ② 29 ④

30 다음의 특성에 해당되는 기업집중 형태는?

▸2021년 공인노무사

- 주식 소유, 금융적 방법 등에 의한 결합
- 외형상으로 독립성이 유지되지만 실질적으로는 종속관계
- 모회사와 자회사 형태로 존재

① 카르텔(cartel)
② 콤비나트(combinat)
③ 트러스트(trust)
④ 콘체른(concern)
⑤ 디베스티처(divestiture)

해설 ④ 콘체른(concern)은 주식 소유, 금융적 방법 등에 의한 결합하는 형태로, 법적으로는 독립성이 유지되지만 경제적으로는 독립성이 상실되는 관계이다.

오답해설
① 카르텔(cartel) : 법적 독립성 유지, 경제적 독립성 유지
③ 트러스트(trust) : 법적 독립성 상실, 경제적 독립성 상실

31 캐롤(B.A. Carrol)의 피라미드 모형에서 제시된 기업의 사회적 책임의 단계로 옳은 것은?

▸2021년 공인노무사

① 경제적 책임 → 법적 책임 → 윤리적 책임 → 자선적 책임
② 경제적 책임 → 윤리적 책임 → 법적 책임 → 자선적 책임
③ 경제적 책임 → 자선적 책임 → 윤리적 책임 → 법적 책임
④ 경제적 책임 → 법적 책임 → 자선적 책임 → 윤리적 책임
⑤ 경제적 책임 → 윤리적 책임 → 자선적 책임 → 법적 책임

해설 ① 캐롤 피라미드 모형에서 기업의 사회적 책임의 단계 : 경제적 책임 → 법적 책임 → 윤리적 책임 → 자선적 책임

32 프랜차이즈(franchise)에 관한 설명으로 옳지 않은 것은?

▸2022년 공인노무사

① 가맹점은 운영측면에서 개인점포에 비해 자율성이 높다.
② 가맹본부의 사업확장이 용이하다.
③ 가맹점은 인지도가 있는 브랜드와 상품으로 사업을 시작할 수 있다.
④ 가맹점은 가맹본부로부터 경영지도와 지원을 받을 수 있다.
⑤ 가맹점은 프랜차이즈 비용이 부담이 될 수 있다.

해설 ① 가맹점(프랜차이지)은 가맹본부(프랜차이저)와의 계약조건에 따라야 하므로, 운영측면에서 개인 점포에 비해 자율성이 낮다.

33 포터(M. Porter)의 산업구조분석 모형에서, 소비자 관점의 사용용도가 유사한 다른 제품을 고려하는 경쟁분석의 요소는?

▸ 2022년 공인노무사

① 산업 내 기존 경쟁업체 간 경쟁
② 잠재적 경쟁자의 진입 가능성
③ 대체재의 위협
④ 공급자의 교섭력
⑤ 구매자의 교섭력

해설 ③ 사용용도가 유사한 다른 제품은 대체재이다.

34 메이요(E. Mayo)의 호손실험 중 배선작업 실험에 관한 설명으로 옳지 않은 것은?

▸ 2022년 공인노무사

① 작업자를 둘러싸고 있는 사회적 요인들이 작업능률에 미치는 영향을 파악하였다.
② 생산현장에서 비공식조직을 확인하였다.
③ 비공식조직이 작업능률에 영향을 미치는 것을 발견하였다.
④ 관찰연구를 통해 진행되었다.
⑤ 경제적 욕구의 중요성을 재확인하였다.

해설 ⑤ 메이요의 호손실험은 인간관계이론으로 경제적 욕구는 무시했다.

〈참고〉
호손실험 중 배선작업 실험은 4번째 실험으로, 사회적 요인들이 작업능률에 미치는 영향을 확인하였다.

35 맥그리거(D. McGregor)의 XY이론 중 Y이론에 관한 설명으로 옳은 것을 모두 고른 것은?

▸ 2022년 공인노무사

> ㄱ. 동기부여는 생리적 욕구나 안전욕구 단계에서만 가능하다.
> ㄴ. 작업조건이 잘 갖추어지면 일은 놀이와 같이 자연스러운 것이다.
> ㄷ. 대부분의 사람들은 엄격하게 통제되어야 하고 조직목표를 달성하기 위해서는 강제되어야 한다.
> ㄹ. 사람은 적절하게 동기부여가 되면 자율적이고 창의적으로 업무를 수행한다.

① ㄱ, ㄴ   ② ㄱ, ㄷ
③ ㄴ, ㄷ   ④ ㄴ, ㄹ
⑤ ㄷ, ㄹ

해설 오답해설
② ㄱ, ㄷ은 X이론에 관한 설명이다.

36 다음 특성에 모두 해당되는 기업의 형태는?

▸ 2023년 공인노무사

> • 대규모 자본 조달이 용이하다.
> • 출자자들은 유한책임을 진다.
> • 전문경영인을 고용하여 소유와 경영의 분리가 가능하다.
> • 자본의 증권화를 통해 소유권 이전이 용이하다.

① 개인기업   ② 합명회사
③ 합자회사   ④ 유한회사
⑤ 주식회사

해설 ⑤ 주식회사는 자본의 증권화를 통해 소유권 이전과 대규모 자본 조달이 용이하다.

37 경영환경을 일반환경과 과업환경으로 구분할 때, 기업에게 직접적인 영향을 주는 과업환경에 해당하는 것은?

▸ 2023년 공인노무사

① 정치적 환경   ② 경제적 환경
③ 기술적 환경   ④ 경쟁자
⑤ 사회문화적 환경

해설 ④ 경쟁자는 과업환경으로 기업이 통제할 수 있는 환경이다.

오답해설
① 정치적 환경, ② 경제적 환경, ③ 기술적 환경, ⑤ 사회문화적 환경은 일반환경으로 기업이 통제할 수 없는 환경이다.

38 테일러(F.W. Taylor)의 과학적 관리법에 제시된 원칙으로 옳은 것을 모두 고른 것은?

▸ 2024년 공인노무사

ㄱ. 작업방식의 과학적 연구	ㄴ. 과학적 선발 및 훈련
ㄷ. 관리자와 작업자들 간의 협력	ㄹ. 관리활동의 분업

① ㄱ, ㄴ
② ㄷ, ㄹ
③ ㄱ, ㄴ, ㄷ
④ ㄴ, ㄷ, ㄹ
⑤ ㄱ, ㄴ, ㄷ, ㄹ

해설 ⑤ 테일러(F.W. Taylor)의 과학적 관리법에 제시된 원칙으로 ㄱ. 작업방식의 과학적 연구, ㄴ. 과학적 선발 및 훈련, ㄷ. 관리자와 작업자들 간의 협력, ㄹ. 관리활동의 분업 모두 옳다.

39 카츠(R.L. Katz)가 제시한 경영자의 기술에 관한 설명으로 옳은 것을 모두 고른 것은?

▸ 2024년 공인노무사

ㄱ. 전문적 기술은 자신의 업무를 정확히 파악하고 능숙하게 처리하는 능력을 말한다.
ㄴ. 인간적 기술은 다른 조직구성원과 원만한 인간관계를 유지하는 능력을 말한다.
ㄷ. 개념적 기술은 조직의 현황이나 현안을 파악하여 세부적으로 처리하는 실무적 능력을 말한다.

① ㄱ
② ㄴ
③ ㄱ, ㄴ
④ ㄱ, ㄷ
⑤ ㄱ, ㄴ, ㄷ

해설 오답해설
ㄷ. 개념적 기술은 조직의 현상을 보고 그 본질을 파악하고 의미를 부여하며 구조화하는 능력이다.

정답 35 ④ 36 ⑤ 37 ④ 38 ⑤ 39 ③

40 기업 외부의 개인이나 그룹과 접촉하여 외부환경에 관한 중요한 정보를 얻는 활동은?

▸ 2024년 공인노무사

① 광고
② 예측활동
③ 공중관계(PR)
④ 활동영역 변경
⑤ 경계연결(boundary spanning)

해설 ⑤ 경계연결(boundary spanning)은 혁신을 위해 조직의 경계를 넘어 외부 지식에 접근하려는 것을 말한다.

41 조직의 목표를 달성하기 위하여 조직구성원들이 담당해야 할 역할 구조를 설정하는 관리과정의 단계는?

▸ 2024년 공인노무사

① 계획
② 조직화
③ 지휘
④ 조정
⑤ 통제

해설 ② 조직의 목표 달성을 위하여 조직구성원들이 담당해야 할 역할 구조를 설정하는 관리과정의 단계는 조직화이다.

42 캐롤(B.A. Carroll)이 주장한 기업의 사회적 책임 중 책임성격이 의무성보다 자발성에 기초하는 것을 모두 고른 것은?

▸ 2024년 공인노무사

ㄱ. 경제적 책임	ㄴ. 법적 책임
ㄷ. 윤리적 책임	ㄹ. 자선적 책임

① ㄱ, ㄴ
② ㄴ, ㄷ
③ ㄷ, ㄹ
④ ㄱ, ㄴ, ㄹ
⑤ ㄴ, ㄷ, ㄹ

해설 ③ ㄷ. 윤리적 책임과 ㄹ. 자선적 책임은 기업의 사회적 책임 중 책임 성격이 의무성보다 자발성에 기초한다.

43 포터(M. Porter)의 산업구조분석 모형에 관한 설명으로 옳지 않은 것은? ▶ 2024년 공인노무사

① 산업 내 경쟁이 심할수록 산업의 수익률은 낮아진다.
② 새로운 경쟁자에 대한 진입장벽이 낮을수록 해당 산업의 경쟁이 심하다.
③ 산업 내 대체재가 많을수록 기업의 수익이 많이 창출된다.
④ 구매자의 교섭력은 소비자들이 기업의 제품을 선택하거나 다른 제품을 구매할 수 있는 힘을 의미한다.
⑤ 공급자의 교섭력을 결정하는 요인으로는 공급자의 집중도, 공급물량, 공급자 판매품의 중요도 등이 있다.

해설 ③ 산업 내 대체재가 많을수록 기업의 수익이 낮아진다.

44 상호관련성이 없는 이종 기업들이 매수·합병을 통하여 경영다각화를 추구하는 기업 결합 형태는? ▶ 2025년 공인노무사

① 카르텔(cartel)
② 디베스티처(divestiture)
③ 콤비나트(combinat)
④ 컨글로메리트(conglomerate)
⑤ 조인트벤처(joint venture)

해설 ④ 상호관련성이 없는 이종 기업들이 매수·합병을 통하여 경영다각화를 추구하는 기업 결합 형태는 컨글로메리트(conglomerate)이다.

45 포터(M. Porter)의 가치사슬 모델에서 보조활동(support activities)에 해당하지 않는 것은? ▶ 2025년 공인노무사

① 기획
② 마케팅
③ 법률자문
④ 기술개발
⑤ 인적자원관리

해설 ② 마케팅은 포터(M. Porter)의 가치사슬 모델에서 주활동(본원적 활동)에 해당한다.

정답 ▶ 40 ⑤ 41 ② 42 ③ 43 ③ 44 ④ 45 ②

46 다음 설명에 해당하는 기업형태는?

▶ 2025년 공인노무사

> • 무한책임사원과 유한책임사원으로 구성되는 이원적 회사이다.
> • 무한책임사원은 경영을 담당하고, 유한책임사원은 출자에 따른 이익분배에만 관여한다.

① 개인기업   ② 합명회사
③ 합자회사   ④ 유한회사
⑤ 주식회사

해설 ③ 무한책임사원과 유한책임사원으로 구성되는 상법상 회사는 합자회사이다. 합자회사의 무한책임사원은 경영을 담당하고, 유한책임사원은 출자에 따른 이익분배에만 관여한다.

47 다음 설명에 해당하는 경영기법은?

▶ 2025년 공인노무사

> • 비용절감 등을 위해 외부의 인력, 시설, 기술, 자원 등을 활용한다.
> • 기업은 고유의 업무에 집중함으로써 생산성 향상을 도모할 수 있다.

① 벤치마킹   ② 아웃소싱
③ 리엔지니어링   ④ 다운사이징
⑤ 전사적 품질경영

해설 ② 비용절감 등을 위해 외부의 인력, 시설, 기술, 자원 등을 활용하고, 기업은 고유의 업무에 집중함으로써 생산성 향상을 도모하고자 하는 경영기법은 아웃소싱이다.

48 포터(M. Porter)의 원가우위전략(cost leadership strategy)에 관한 설명으로 옳은 것은?

▶ 2025년 공인노무사

① 생산비를 낮추어 가격 경쟁력을 확보한다.
② 차별화된 제품과 서비스 제공이 목표이다.
③ 고가 제품을 제공해 브랜드를 강화한다.
④ 고가 제품의 틈새시장을 집중적으로 공략한다.
⑤ 제품의 품질을 높이는 것이 목표이다.

해설 ① 생산비를 낮추어 가격 경쟁력을 확보하려는 것은 원가우위전략(cost leadership strategy)이다. 나머지 설명은 차별화 전략에 해당한다.

PART 01

49 다음 설명에 해당하는 것은?

▶ 2025년 공인노무사

> 생산규모가 어느 한계를 초과하면 의사소통의 복잡성과 조직의 관료화로 오히려 단위당 평균비용이 증가하게 된다.

① 규모의 경제
② 규모의 비경제
③ 범위의 경제
④ 범위의 비경제
⑤ 관료주의 경제

해설 ② 생산규모가 어느 한계를 초과하면 의사소통의 복잡성과 조직의 관료화로 오히려 단위당 평균비용이 증가하게 되는 현상은 규모의 비경제이다.

정답 46 ③ 47 ② 48 ① 49 ②

Chapter 02 생산 및 운영관리

01

재고관리의 ABC관리법에서 품목을 분류할 때 가장 많이 사용되는 분석방법은?

▸ 2010년 공인노무사

① 민감도분석　　　　　　　　　② 추세분석
③ 비용–편익 분석　　　　　　　④ 파레토분석
⑤ 인과분석

해설　④ 파레토분석은 20/80 법칙이라고도 하며, 중요도를 고려하여 재고를 다르게 다루는 ABC관리법에 적용된다.

02

생산관리의 주요 활동목표와 가장 거리가 먼 것은?　　　　　　▸ 2010년 공인노무사

① 포지셔닝　　　　　　　　　② 품질
③ 원가　　　　　　　　　　　④ 납기
⑤ 유연성

해설　생산관리의 주요 활동목표는 ② 품질, ③ 원가, ④ 납기, ⑤ 유연성 외에 서비스가 추가되기도 한다.

03

제품 P의 연간 수요는 10,000개로 예상된다. 이 제품의 연간 재고유지비용이 단위당 100원이고, 주문 1회당 소요되는 주문비용은 200원이다. 이 경우 경제적 주문량(EOQ)은?

▸ 2010년 공인노무사

① 100　　　　　　　　　　　② 150
③ 200　　　　　　　　　　　④ 250
⑤ 300

해설　$Q = \sqrt{\dfrac{2OD}{C}} = \sqrt{\dfrac{2 \times 200원 \times 10,000개}{100원}} = 200개$

04 생산합리화의 3S로 옳은 것은? ▸2011년 공인노무사

① 표준화(standardization) – 단순화(simplification) – 전문화(specialization)
② 규격화(specification) – 세분화(segmentation) – 전문화(specialization)
③ 단순화(simplification) – 규격화(specification) – 세분화(segmentation)
④ 세분화(segmentation) – 표준화(standardization) – 단순화(simplification)
⑤ 규격화(specification) – 전문화(specialization) – 표준화(standardization)

해설 생산합리화를 위한 3S : 표준화(standardization), 단순화(simplification), 전문화(specialization)

05 적시생산(JIT) 시스템의 특성이 아닌 것은? ▸2011년 공인노무사

① 푸시시스템(push system) ② 칸반 생산
③ 공장부하의 균일화 ④ 유연한 자원
⑤ 빠른 생산준비시간

해설 ① 적시생산(JIT) 시스템은 풀시스템(pull system)의 특징이 있으며, 푸시시스템(push system)은 MRP 시스템의 특징이다.

06 기업이 공급사슬관리(SCM)를 적극적으로 수행해야 할 필요성과 관계가 없는 것은?
  ▸2011년 공인노무사

① 운송비의 지속적 감소 ② 글로벌화의 진전
③ 아웃소싱의 증가 ④ 공급사슬의 복잡화
⑤ 전자상거래 도입의 증가

해설 ① 운송비의 지속적 증가로 인해 공급사슬관리(SCM)가 중요한 경쟁 수단이 되어 기업이 이를 적극적으로 수행하게 되었다.

정답 01 ④ 02 ① 03 ③ 04 ① 05 ① 06 ①

07 6시그마의 프로세스 개선 5단계에 해당되지 않는 것은?

▸ 2012년 공인노무사

① 정의　　　　　　　　　　　② 측정
③ 분석　　　　　　　　　　　④ 계획
⑤ 통제

> **해설** 6시그마의 프로세스 개선 5단계(DMAIC)
> 　　1) 정의(Define)
> 　　2) 측정(Measure)
> 　　3) 분석(Analysis)
> 　　4) 개선(Improve)
> 　　5) 통제/관리(Control)

08 수요예측 기법 중 정성적 기법에 해당되지 않는 것은?

▸ 2012년 공인노무사

① 델파이법　　　　　　　　② 시계열분석
③ 전문가패널법　　　　　　④ 자료유추법
⑤ 패널동의법

> **해설** ② 시계열분석은 정량적 기법에 해당한다.

09 A기업의 X부품에 대한 연간 수요는 2,000개이다. X부품의 1회 주문비용은 1,000원, 연간 단위당 재고유지비용은 400원일 때 경제적 주문량 모형을 이용하여 1회 경제적 주문량과 이때의 연간 총비용을 구하면?

▸ 2012년 공인노무사

① 50개, 20,000원　　　　　　② 50개, 40,000원
③ 100개, 20,000원　　　　　④ 100개, 40,000원
⑤ 150개, 60,000원

> **해설** • 경제적 주문량(Q) $= \sqrt{\dfrac{2OD}{C}} = \sqrt{\dfrac{2 \times 1,000원 \times 2,000개}{400원}} = 100개$
>
> • 연간 총비용(TC) $= \dfrac{Q}{2}C + \dfrac{D}{Q}O = \dfrac{100개}{2} \times 400원 + \dfrac{2,000개}{100개} \times 1,000원 = 40,000원$
>
> 〈별해〉
> • 연간 총비용(TC) $= \sqrt{2ODC} = \sqrt{2 \times 1,000원 \times 2,000개 \times 400원} = 40,000원$

10 제품 A의 연간 수요는 10,000개로 예상된다. 이 제품의 연간 재고유지비용이 단위당 200원이고 주문 1회당 소요되는 주문비용은 100원이다. 이 경우 경제적 주문량(EOQ)에 의한 최적 주문횟수는? ▸2013년 공인노무사

① 50회 ② 75회
③ 100회 ④ 150회
⑤ 200회

해설 • 경제적 주문량(EOQ) $= \sqrt{\dfrac{2OD}{C}} = \sqrt{\dfrac{2 \times 100원 \times 10,000개}{200원}} = 100개$

• 최적 주문횟수 $= \dfrac{D}{Q} = \dfrac{10,000개}{100개} = 100회$

11 다음 특성에 알맞는 생산운영관리시스템의 명칭은? ▸2013년 공인노무사

• 칸반(Kanban) 시스템	• 린(lean) 시스템
• 무재고 생산 지향	• 생산의 평준화

① JIT ② MRP
③ MRP Ⅱ ④ CIM
⑤ FMS

해설 ① JIT는 무재고 생산을 지향하는 시스템으로, 칸반(Kanban) 시스템을 통해 생산의 평준화를 달성하고자 한다. JIT에 가치 높은 제품을 신속히 개발하는 개념을 추가하면 린(lean) 시스템이 된다.

12 시계열(time series) 분해법은 시계열변동을 4가지 구성요소로 분해하여 수요를 예측하는 방법이다. 4가지 구성요소에 해당하지 않는 것은? ▸2013년 공인노무사

① 계절(seasonal) 변동 ② 추세(trend) 변동
③ 불규칙(irregular) 변동 ④ 순환(cyclical) 변동
⑤ 인과(causal) 변동

해설 시계열(time series) 분해법은 시계열변동을 ② 추세(trend) 변동, ① 계절(seasonal) 변동, ④ 순환(cyclical) 변동, ③ 불규칙(irregular) 변동 등 4가지 구성요소로 분해하여 수요를 예측하는 방법이다.

오답해설
⑤ 인과(causal) 변동은 인과관계 예측 기법에 해당한다.

정답 07 ④ 08 ② 09 ④ 10 ③ 11 ① 12 ⑤

13 산업재해의 원인 중 성격이 다른 것은?

▶ 2014년 공인노무사

① 건물, 기계설비, 장치의 결함
② 안전보호장치, 보호구의 오작동
③ 생산공정의 결함
④ 개인의 부주의, 불안정한 행동
⑤ 경계표시, 설비의 오류

해설 ④ 개인의 부주의, 불안정한 행동은 Man(사람) 원인에 해당되며, 나머지는 Machine(기계, 설비) 원인에 해당된다.

〈참고〉 산업재해의 원인 : 4M
1) Machine(기계, 설비) : 설비 결함, 보호장치 불량
2) Man(사람) : 작업방법 부적절, 작업자세/동작 부적정, 근로자 특성(고령, 미숙련)
3) Media(물질 환경) : 작업공간 부적절, 가스, 증기, 화학물질
4) Management(관리) : 규정/메뉴얼 미흡, 안전관리 계획 미흡, 감독 및 지도 결여

14 채찍효과의 발생요인이 아닌 것은?

▶ 2014년 공인노무사

① 공급망의 단계별로 이루어지는 수요예측
② 일정기간 예상되는 물량에 대한 일괄주문방식
③ 판촉 및 세일 등으로 인한 가격변동
④ 공급을 초과하는 수요에 따른 구매자 간 힘겨루기
⑤ 전자자료교환 사용

해설 채찍효과란 수요의 작은 변동이 공급사슬을 연쇄적으로 거슬러 올라가면서 커지는 현상을 말한다.
⑤ 전자자료교환 사용은 채찍효과의 발생요인이 아니다.

15 2014년 5월 수요예측치는 200개이고 실제수요치는 180개인 경우, 지수평활 계수가 0.8이면 단순지수평활법에 의한 2014년 6월 수요예측치는?

▶ 2014년 공인노무사

① 164개
② 184개
③ 204개
④ 214개
⑤ 224개

해설 6월 수요예측치 = 5월 수요예측치 + 지수평활 계수(5월 실제수요치 − 5월 수요예측치)
= 200개 + (0.8)(180개 − 200개) = 184개

16 린(lean) 생산방식의 전제조건이 아닌 것은?

▶ 2014년 공인노무사

① 작업장 정비
② 품질경영과 실수방지책 구축
③ 푸쉬 시스템 도입
④ 생산준비시간 단축
⑤ 생산스케줄 평준화와 안정화

> **해설** 린(lean) 생산방식은 JIT 생산방식에 가치 있는 제품을 신속히 공급하려는 개념을 추가한 것이다.
> ③ 푸쉬 시스템은 JIT 시스템과 거리가 멀다.
> 나머지는 JIT 생산방식의 성격이다.

17 A기업은 1년간 400개의 부품을 사용한다. 부품가격은 개당 1,000원, 주문비용은 회당 10,000원, 단위당 연간 재고유지비용은 부품가격의 20%라면 이 부품의 경제적 주문량 (EOQ)은?

▶ 2015년 공인노무사

① 100개   ② 150개
③ 200개   ④ 250개
⑤ 300개

> **해설** 경제적 주문량(EOQ) $= \sqrt{\dfrac{2OD}{C}} = \sqrt{\dfrac{2 \times 10,000원 \times 400개}{1,000원 \times 0.2}} = 200개$

18 생산관리의 전형적인 목표(과업)로 옳지 않은 것은?

▶ 2015년 공인노무사

① 촉진강화   ② 품질향상
③ 원가절감   ④ 납기준수
⑤ 유연성 제고

> **해설** 생산관리의 전형적인 목표(과업)는 ② 품질향상, ③ 원가절감, ④ 납기준수, ⑤ 유연성 제고 등이
> 있다. 그 외에 서비스 목표를 추가하기도 한다.
>
> **오답해설**
> ① 촉진강화는 마케팅의 목표이다.

19 JIT(Just-in-time) 시스템의 특징으로 옳지 않은 것은? ▸ 2015년 공인노무사

① 푸쉬(push) 방식이다.
② 필요한 만큼의 자재만을 생산한다.
③ 공급자와 긴밀한 관계를 유지한다.
④ 가능한 한 소량 로트(lot) 크기를 사용하여 재고를 관리한다.
⑤ 생산지시와 자재이동을 가시적으로 통제하기 위한 방법으로 간판(Kanban)을 사용한다.

> **해설** **오답해설**
> ① JIT(Just-in-time) 시스템은 풀(pull) 방식이다.

20 생산시스템 설계에 해당하는 것은? ▸ 2016년 공인노무사

① 일정관리
② 시설입지
③ 재고관리
④ 품질관리
⑤ 수요예측

> **해설** ② 시설입지는 생산시스템 설계에 해당한다.
>
> **오답해설**
> ① 일정관리, ③ 재고관리, ④ 품질관리, ⑤ 수요예측 등은 생산시스템의 관리에 해당한다.

21 해리스(F.W. Harris)가 제시한 EOQ(경제적 주문량) 모형의 가정으로 옳은 것은?

> ▸ 2016년 공인노무사

① 단일품목만을 대상으로 한다.
② 조달기간은 분기 단위로 변동한다.
③ 수량할인이 적용된다.
④ 연간수요량은 알 수 없다.
⑤ 주문비용은 주문량에 정비례한다.

> **해설** ① 해리스(F.W. Harris)가 제시한 EOQ(경제적 주문량) 모형은 단일품목을 가정한다.
>
> 〈참고〉 EOQ(경제적 주문량) 모형의 가정
> 1) 단일품목만을 대상으로 한다.
> 2) 조달기간은 존재하지 않는다. 단, 존재할 경우 일정하며, 알려져 있다고 가정한다.
> 3) 수량할인이 적용되지 않는다.

4) 연간수요량은 알 수 있다.

5) 주문비용은 주문량과 관계없이 일정하다.

22 생산수량과 일정을 토대로 필요한 자재조달 계획을 수립하는 관리시스템은?

▸ 2017년 공인노무사

① CIM

② FMS

③ MRP

④ SCM

⑤ TQM

해설 ③ 생산수량과 일정을 토대로 필요한 자재조달 계획을 수립하는 관리시스템은 MRP이다.

23 최근 3개월 자료로 가중이동평균법을 적용할 때, 5월의 예측생산량은? (단, 가중치는 0.5, 0.3, 0.2를 적용한다.)

▸ 2017년 공인노무사

구분	1월	2월	3월	4월
제품생산량(개)	90만	70만	90만	110만

① 87만 개

② 90만 개

③ 93만 개

④ 96만 개

⑤ 99만 개

해설 가중이동평균법을 적용 시의 5월의 예측생산량 = 0.5×110만 개 + 0.3×90만 개 + 0.2×70만 개
= 96만 개

24 다음이 설명하는 기법은?

▸ 2017년 공인노무사

- 비구조적인 문제를 다루는 데 유용하다.
- 경험을 체계화하고 정형화하여 해결책을 발견한다.

① 팀 빌딩

② 휴리스틱

③ 군집분석

④ 회귀분석

⑤ 선형계획법

해설 ② 휴리스틱은 비구조적인 문제를 다루는 데 유용하며, 경험을 체계화하고 정형화하여 해결책을 발견하는 질적 기법이다.

정답 19 ① 20 ② 21 ① 22 ③ 23 ④ 24 ②

25 전사적 자원관리(ERP) 도입의 효과가 아닌 것은?

▸2017년 공인노무사

① 신기술 수용 및 활용
② 사업장 및 업무통합
③ 고객 이미지 개선
④ 정보 적시 제공
⑤ 업무프로세스 복잡화

해설 전사적 자원관리(ERP)를 도입하게 되면, ① 신기술 수용 및 활용, ② 사업장 및 업무통합, ③ 고객 이미지 개선, ④ 정보 적시 제공 등의 효과가 있다.

오답해설
⑤ 전사적 자원관리(ERP)를 도입할 경우 업무프로세스 통합으로 경영의 효율화를 달성할 수 있다.

26 최종품목 또는 완제품의 주생산일정계획(master production schedule)을 기반으로 제품생산에 필요한 각종 원자재, 부품, 중간조립품의 주문량과 주문시기를 결정하는 재고관리방법은?

▸2018년 공인노무사

① 자재소요계획(MRP)
② 적시(JIT) 생산시스템
③ 린(lean) 생산
④ 공급사슬관리(SCM)
⑤ 칸반(kanban) 시스템

해설 ① 완제품의 주생산일정계획(master production schedule, 대일정계획)을 기반으로 제품생산에 필요한 각종 원자재, 부품, 중간조립품의 주문량과 주문시기를 결정하는 방법은 자재소요계획(MRP)이다.

27 A점포의 연간 자전거 판매수량은 500대이고, 한번 주문할 때 소요되는 주문비용은 10만원이다. 자전거 한 대의 구입가격은 15만원이며, 재고 유지를 위해 매년 부담하는 비용은 대당 1만원이다. A점포의 경제적 주문량(EOQ)과 최적 주문횟수는 각각 얼마인가?

▸2018년 공인노무사

① 50대, 5회
② 50대, 10회
③ 100대, 5회
④ 100대, 7회
⑤ 250대, 2회

해설 ・ 경제적 주문량(EOQ) $= \sqrt{\dfrac{2OD}{C}} = \sqrt{\dfrac{2 \times 100,000원 \times 500대}{10,000원}} = 100대$

・ 최적 주문횟수 $= \dfrac{D}{EOQ} = \dfrac{500대}{100대} = 5회$

28 재고품목을 가치나 상대적 중요도에 따라 차별화하여 관리하는 ABC 재고관리에 관한 설명으로 옳은 것은?

▸ 2018년 공인노무사

① A등급은 재고가치가 낮은 품목들이 속한다.
② A등급 품목은 로트 크기를 크게 유지한다.
③ C등급 품목은 재고유지비가 높다.
④ ABC등급 분석을 위해 롱테일(long tail) 법칙을 활용한다.
⑤ 가격, 사용량 등을 기준으로 등급을 구분한다.

해설 ⑤ ABC 재고관리는 중요성(가격, 사용량 등)을 기준으로 등급을 구분한다.

오답해설
① A등급은 재고가치가 높은 품목들이 속한다.
② A등급 품목은 로트 크기를 작게 유지한다.
③ C등급 품목은 재고유지비가 낮다.
④ ABC등급 분석은 20/80법칙(파레토 법칙)으로 보편적 법칙이다. 대개 상위 20%의 중요한 품목(A등급)이 전체 가치 중 80%를 차지한다. 반면 롱테일(long tail) 법칙은 온라인 시장에서만 적용되는 특수한 법칙으로 하위 80%의 품목이 상위 20% 품목보다 매출이 큰 현상을 말한다.

29 ㈜한국의 A부품에 대한 연간수요는 4,000개이며, A부품 구입가격은 단위당 8,000원이다. 1회당 주문비용은 4,000원이고, 단위당 연간 재고유지비용은 구입가격의 10%일 때 A부품의 경제적 주문량(EOQ)은?

▸ 2019년 공인노무사

① 100개　　　　　　② 200개
③ 300개　　　　　　④ 400개
⑤ 600개

해설 경제적 주문량(EOQ) $= \sqrt{\dfrac{2OD}{C}} = \sqrt{\dfrac{2 \times 4{,}000원 \times 4{,}000개}{8{,}000원 \times 0.1}} = 200개$

정답　25 ⑤　26 ①　27 ③　28 ⑤　29 ②

30 수요예측기법 중 인과형 예측기법(causal forecasting methods)에 해당하는 것은?

▸ 2019년 공인노무사

① 델파이법
② 패널동의법
③ 회귀분석법
④ 판매원 의견종합법
⑤ 자료유추법

해설 오답해설

① 델파이법, ② 패널동의법, ④ 판매원 의견종합법, ⑤ 자료유추법은 질적(정성적) 예측기법에 해당한다.

31 품질의 산포가 우연원인에 의한 것인지, 이상원인에 의한 것인지를 밝혀주는 역할을 하며, 제조공정의 상태를 파악하기 위해 공정관리에 이용되는 것은?

▸ 2020년 공인노무사

① 파레토도
② 관리도
③ 산포도
④ 특성요인도
⑤ 히스토그램

해설 오답해설

⑤ 히스토그램(histogram)은 표로 되어 있는 도수 분포를 정보 그림으로 나타낸 것이다. 즉, 도수분포표를 그래프로 나타낸 것이다. 보통 히스토그램에서는 가로축이 계급, 세로축이 도수를 뜻하는데, 때때로 반대로 그리기도 한다.

32 ㈜한국의 연도별 제품 판매량은 다음과 같다. 과거 3년간의 데이터를 바탕으로 단순이동평균법을 적용하였을 때 2020년도의 수요예측량은?

▸ 2020년 공인노무사

연도	판매량(개)
2014	2,260
2015	2,090
2016	2,110
2017	2,150
2018	2,310
2019	2,410

① 2,270
② 2,280
③ 2,290
④ 2,300
⑤ 2,310

해설 2020년도의 수요예측량 $= \dfrac{2{,}150 + 2{,}310 + 2{,}410}{3} = 2{,}290$

33 식스시그마의 성공적 수행을 위한 5단계 활동으로 옳은 순서는?

▸ 2021년 공인노무사

① 계획 → 분석 → 측정 → 개선 → 평가
② 계획 → 분석 → 측정 → 평가 → 개선
③ 계획 → 측정 → 평가 → 통제 → 개선
④ 정의 → 측정 → 분석 → 개선 → 통제
⑤ 정의 → 측정 → 평가 → 통제 → 개선

해설 ④ 정의(D) → 측정(M) → 분석(A) → 개선(I) → 통제(C)

〈참고〉 6시그마의 프로세스 개선 5단계(DMAIC)
1) 정의(Define)
2) 측정(Measure)
3) 분석(Analysis)
4) 개선(Improve)
5) 통제/관리(Control)

34 공급자에서 기업 내 변환과정과 유통망을 거쳐 최종 고객에 이르기까지 자재, 제품, 서비스 및 정보의 흐름을 전체 시스템 관점에서 설계하고 관리하는 것은?

▸ 2021년 공인노무사

① EOQ
② MRP
③ TQM
④ SCM
⑤ FMS

해설 ④ 공급자에서 기업 내 변환과정과 유통망을 거쳐 최종 고객에 이르기까지 자재, 제품, 서비스 및 정보의 흐름을 전체 시스템 관점에서 설계하고 관리하는 것은 SCM(공급사슬관리)이다.

오답해설
① EOQ : 경제적 주문량 모형
② MRP : 자재 소요 계획
③ TQM : 전사적 품질 관리
⑤ FMS : 유연 생산 시스템

정답 30 ③　31 ②　32 ③　33 ④　34 ④

35 경제적 주문량(EOQ)에 관한 설명으로 옳지 않은 것은?

▶ 2022년 공인노무사

① 연간 재고유지비용과 연간 주문비용의 합이 최소화되는 주문량을 결정하는 것이다.
② 연간 재고유지비용과 연간 주문비용이 같아지는 지점에서 결정된다.
③ 연간 주문비용이 감소하면 경제적 주문량이 감소한다.
④ 연간 재고유지비용이 감소하면 경제적 주문량이 감소한다.
⑤ 연간 수요량이 증가하면 경제적 주문량이 증가한다.

해설 ③ 경제적 주문량(EOQ) = $\sqrt{\dfrac{2OD}{C}}$ 에서 분자에 있는 연간 주문비용(O)이 감소하면 경제적 주문량이 감소한다.

⑤ 경제적 주문량(EOQ) = $\sqrt{\dfrac{2OD}{C}}$ 에서 분자에 있는 연간 수요량(D)이 증가하면 경제적 주문량이 증가한다.

오답해설

④ 경제적 주문량(EOQ) = $\sqrt{\dfrac{2OD}{C}}$ 에서 분모에 있는 연간 재고유지비용(C)이 감소하면 경제적 주문량이 증가한다.

36 생산 프로세스에서 낭비를 제거하여 부가가치를 극대화하기 위한 것은?

▶ 2022년 공인노무사

① 린(lean) 생산
② 자재소요계획(MRP)
③ 장인생산(craft production)
④ 대량고객화(mass customization)
⑤ 오프쇼오링(off – shoring)

해설 ① 린(lean) 생산은 JIT의 소로트 다품종 생산에 가치 있는 제품의 신속한 개발을 추가한 개념이다. 린의 의미에 낭비 제거가 있다.

오답해설

③ 장인생산(craft production)

〈참고〉 대량 생산(Mass Production) vs. 장인 생산(Craft Production)
"대량 생산(Mass Production)"의 상대적인 의미로 "장인 생산(Craft Production)"이 있다.

• 장인 생산의 특징(Womack et. al. 1990, pp. 88-91)
1) 대개 한 번에 하나씩 혹은 소규모 배치 형태로 생산한다.
2) 질이 뛰어나다.

3) 수작업이 많이 들어간다.

4) 커스텀화된 부품

5) 고비용(고도로 숙련된 인원을 필요로 하는 노동집약적 작업으로 인해)

6) 일반적인 용도의 작업 용구 사용

7) 소량 생산

- **대량 생산의 특징**(Womack et. al. 1990, pp. 26–27)

  1) 수작업의 최소화

  2) 상호교체가능한 부품

  3) (전문 용도로 세분화된) 특수공구

  4) 자동화

  5) 비숙련/반 숙련 노동자

  6) 중급 정도의 질

  7) 저비용

  8) 이동식 조립 라인(예 컨베이어 벨트)

  9) 대량 생산

⑤ 오프쇼오링(off – shoring) : 과거에 **해외로 생산기지를 옮기는 것**을 '**오프쇼오링(off–shoring)**'이라 하였다. 최근에는 신종 코로나바이러스감염증(코로나19)에 기인한 공급망 차단으로 생산 차질이 발생함에 따라 스마트공장을 통한 '**리쇼어링(reshoring)**'이 부각되고 있다. **리쇼어링은 제조업의 본국 회귀를 의미한다.**

---

37 ㈜한국의 4개월간 제품 실제 수요량과 예측치가 다음과 같다고 할 때, **평균절대오차(MAD)** 는?

▸ 2022년 공인노무사

월(t)	실제 수요량(Dt)	예측치(Ft)
1월	200개	225개
2월	240개	220개
3월	300개	285개
4월	270개	290개

① 2.5 ② 10

③ 20 ④ 412.5

⑤ 1,650

해설 평균절대오차(MAD) $= \dfrac{\sum(|D_t - F_t|)}{n} = \dfrac{|200-225|+|240-220|+|300-285|+|270-290|}{4}$

$= \dfrac{80}{4} = 20$

38 서비스 품질평가에 사용되는 SERVQUAL 모형의 서비스 차원이 아닌 것은?

▶ 2022년 공인노무사

① 유형성(tangibles)
② 신뢰성(reliability)
③ 반응성(responsiveness)
④ 공감성(empathy)
⑤ 소멸성(perishability)

해설 ⑤ 소멸성(perishability)은 서비스의 특징이다.

〈참고〉 SERVQUAL 모형
1) 유형성(Tangibles) : 인력, 물리적 시설, 장비
2) 신뢰성(Reliability) : 약속된 서비스를 정확하고 일관성 있게 수행
3) 반응성(Responsiveness) : 신속한 서비스
4) 공감성(Empathy) : 고객에 대한 배려, 관심
5) 확신성(Assurance) : 직원의 지식, 예절, 신의, 신뢰, 자신감, 능력

39 제품설계 기법에 관한 설명으로 옳은 것은?

▶ 2023년 공인노무사

① 동시공학은 부품이나 중간 조립품의 호환성과 공용화를 높여서 생산원가를 절감하는 기법이다.
② 모듈러설계는 불필요한 원가요인을 발굴하여 제거함으로써 제품의 가치를 높이는 기법이다.
③ 가치공학은 신제품 출시과정을 병렬적으로 진행하여 신제품 출시기간을 단축하는 기법이다.
④ 품질기능전개는 소비자의 요구사항을 체계적으로 제품의 기술적 설계에 반영하는 과정이다.
⑤ 가치분석은 제품이나 공정을 처음부터 환경변화의 영향을 덜 받도록 설계하는 것이다.

해설 **오답해설**
① 모듈러설계는 부품이나 중간 조립품의 호환성과 공용화를 높여서 생산원가를 절감하는 기법이다.
② 가치공학은 불필요한 원가요인을 발굴하여 제거함으로써 제품의 가치를 높이는 기법이다.
③ 동시공학은 신제품 출시과정을 병렬적으로 진행하여 신제품 출시기간을 단축하는 기법이다.
⑤ 로버스트는 제품이나 공정을 처음부터 환경변화의 영향을 덜 받도록 설계하는 것이다.

40 다음의 수요예측기법 중 시계열(time series) 예측기법에 해당하는 것을 모두 고른 것은?

▸ 2023년 공인노무사

ㄱ. 이동평균법	ㄴ. 지수평활법	ㄷ. 델파이 기법

① ㄱ
② ㄴ
③ ㄱ, ㄴ
④ ㄴ, ㄷ
⑤ ㄱ, ㄴ, ㄷ

해설 **오답해설**
ㄷ. 델파이 기법은 질적 예측 기법이다.

41 다음 중 도요타 생산시스템에서 정의한 7가지 낭비 유형에 해당하는 것을 모두 고른 것은?

▸ 2023년 공인노무사

ㄱ. 과잉생산에 의한 낭비	ㄴ. 대기시간으로 인한 낭비
ㄷ. 재고로 인한 낭비	ㄹ. 작업자 재교육으로 인한 낭비

① ㄱ, ㄴ
② ㄷ, ㄹ
③ ㄱ, ㄴ, ㄷ
④ ㄴ, ㄷ, ㄹ
⑤ ㄱ, ㄴ, ㄷ, ㄹ

해설 **TPS에서 말하는 7대 낭비**
1) 과잉생산의 낭비 : 당장 사용치 않는 제품을 너무 많이 만들어 두는 낭비
   • 원인 – 가동률에 대한 잘못된 사고방식과 안심재고로 활용하기 위함
   • 문제 – 재료, 에너지 증가 및 대량의 불량발생 가능성과 물류에 방해
2) 대기의 낭비 : 작업이 없이 기다리는 낭비
   • 원인 – 편성의 비효율과 비숙련공으로 인함
   • 문제 – 연장 작업 발생, 인건비 상승, 작업자 간 불만
3) 운반의 낭비 : 운반은 필요하지만 자체적으로 부가가치를 발생치 않기에 낭비
   • 원인 – 창고가 있어 쌓아두거나 공정 레이아웃의 효율성이 부족
   • 문제 – 작업대기, 물품의 손상, 장소의 낭비
4) 가공의 낭비 : 과잉 설계나 가공으로 불필요한 작업 발생하는 낭비
   • 원인 – 항상 개선을 해야 한다는 사고의 부족과 안일함
   • 문제 – 재료비 증가, 불필요한 많은 인원 필요

정답 ▸ 38 ⑤ 39 ④ 40 ③ 41 ③

5) 재고의 낭비 : 상기 1)과 일맥상통, 만약을 위해 재고를 두어야 한다는 생각으로 인한 낭비
- 원인 – 만약을 위한 대비, 재고는 손해가 되지 않는다는 생각
- 문제 – 보관장소와 관리가 필요하며 모델변경 시의 문제
6) 동작의 낭비 : 부가가치가 발생치 않는 동작은 모두 낭비
7) 불량수정의 낭비 : 불량이 발생하거나, 계속하여 불량을 만들어 내는 낭비

오답해설

ㄹ. 작업자 재교육으로 인한 낭비는 TPS에서 말하는 7대 낭비에 해당되지 않음

42

최종소비자의 수요변동 정보가 전달되는 과정에서 지연이나 왜곡현상이 발생하여 재고부족 또는 과잉문제가 발생하고 공급사슬 상류로 갈수록 수요변동이 증폭되는 현상은?

▶ 2023년 공인노무사

① 채찍 효과
② 포지셔닝 효과
③ 리스크 풀링 효과
④ 크로스 도킹 효과
⑤ 레버리지 효과

해설 **오답해설**

③ 리스크 풀링은 여러 지역 창고에 재고를 나눠서 보관하는 행위보다 소수의 중앙창고에 집중해 보관하는 게 더 적은 재고수준을 유지하면서도 수요변동에 의한 재고 부족의 불확실성에 대응력을 높일 수 있다. 리스크 풀링의 시사점은 첫째, 중앙집중 재고시스템을 통해 평균재고와 안전재고의 감소, 둘째, 변동계수가 클수록 중앙 집중화된 시스템 효과의 극대화 등이 있다.
④ 크로스 도킹(cross docking)은 물류센터에 입고되자마자 분류하여 출고하는 시스템이다.

43

가치분석/가치공학분석에서 사용하는 브레인스토밍(brainstorming)의 주제로 옳지 않은 것은?

▶ 2024년 공인노무사

① 불필요한 제품의 특성은 없는가?
② 추가되어야 할 공정은 없는가?
③ 무게를 줄일 수는 없는가?
④ 두 개 이상의 부품을 하나로 결합할 수 없는가?
⑤ 제거되어야 할 비표준화된 부품은 없는가?

해설 가치분석, 가치공학은 기능/원가의 비율을 높이고자 하는 방법이다.
② '추가되어야 할 공정은 없는가?'는 공정에 대한 관심이므로, 가치분석, 가치공학과 관련이 없다.

44 최근 5개월간의 실제 제품의 수요에 대한 데이터가 주어져 있다고 할 때, 3개월 가중이동평균법을 적용하여 계산된 5월의 예측 수요값은? (단, 가중치는 0.6, 0.2, 0.2이다.)

▸ 2024년 공인노무사

구분	1월	2월	3월	4월	5월
실제 수요(개)	680만	820만	720만	540만	590만

① 606만 개
② 632만 개
③ 658만 개
④ 744만 개
⑤ 766만 개

해설 820 × 0.2 + 720 × 0.2 + 540 × 0.6 = 632만 개

45 공급사슬관리의 효율성을 측정하는 지표로 옳은 것은?

▸ 2024년 공인노무사

① 재고회전율
② 원자재투입량
③ 최종고객주문량
④ 수요통제
⑤ 채찍효과

해설 ① 효율성은 투입과 산출의 비율을 나타내는 척도로, 재고회전율은 이 효율성을 측정하는 지표에 해당한다.

오답해설
② 원자재투입량과 ③ 최종고객주문량 등의 절대량은 비율의 개념이 아니다.

46 준비비용이 일정하다고 가정하는 경제적 주문량(EOQ)과는 달리 준비비용을 최대한 줄이고자 하는 시스템은?

▸ 2024년 공인노무사

① 유연생산시스템(FMS)
② 자재소요관리시스템(MRP)
③ 컴퓨터통합생산시스템(CIM)
④ ABC 재고관리시스템
⑤ 적시생산시스템(JIT)

해설 ⑤ 적시생산시스템(JIT)은 생산 준비비용을 최소화하고, 로트의 크기를 줄여, 재고를 없애고자 하는 시스템이다.

정답 42 ① 43 ② 44 ② 45 ① 46 ⑤

47 기업에서 생산목표상의 경쟁우선순위에 해당하지 않는 것은?　▸ 2024년 공인노무사

① 기술　　　　　　　　　　　② 품질
③ 원가　　　　　　　　　　　④ 시간
⑤ 유연성

해설 생산목표에는 품질(②), 납기(④), 원가(③), 유연성(⑤) 및 서비스가 있다.

48 품질문제와 관련하여 발생하는 외부 실패비용에 해당하지 않는 것은?　▸ 2024년 공인노무사

① 고객불만 비용　　　　　　　② 보증 비용
③ 반품 비용　　　　　　　　　④ 스크랩 비용
⑤ 제조물책임 비용

해설 ① 고객불만 비용, ② 보증 비용, ③ 반품 비용, ⑤ 제조물책임 비용은 외부 고객과의 관계에서 발생하는 외부실패비용(품질관리비용)이다.

오답해설
④ 스크랩 비용은 내부 실패비용에 해당한다.

49 제품설계 시 법률적 검토사항과 직접적 관련성이 없는 것은?　▸ 2025년 공인노무사

① 제조물책임법
② 공공건물의 장애인 편의시설 설치의무
③ 전기배선에 관한 규정
④ ISO 9001 인증
⑤ 자동차의 안전벨트 설치기준

해설 ④ ISO 9001 인증은 법적 의무사항이라기 보다는, 주문생산 시 구매자(즉, 주문자)가 요구하는 계약 조항이다.

50 서비스의 특성으로 옳은 것을 모두 고른 것은? ▸2025년 공인노무사

> ㄱ. 동질성 ㄴ. 비분리성
> ㄷ. 소멸성 ㄹ. 무형성

① ㄱ, ㄴ ② ㄷ, ㄹ
③ ㄱ, ㄴ, ㄷ ④ ㄴ, ㄷ, ㄹ
⑤ ㄱ, ㄴ, ㄷ, ㄹ

해설 서비스의 특성은 이질성, 비분리성, 소멸성, 무형성 등이 있다.

51 라이트와 레이스(J. Wright & P. Race)가 제시한 공급사슬의 채찍효과에 대한 원인이 아닌 것은? ▸2025년 공인노무사

① 공급과잉 ② 리드타임
③ 뱃치주문 ④ 수요예측
⑤ 가격변동

해설 ① 공급과잉이 아니라 **과잉 주문**(Inflated Order)일 때 공급사슬의 채찍효과가 나타난다.

〈참고〉 채찍효과의 발생원인
1. 전통적인 수요예측(Demand Forecasting)
2. **가격 변동**(Price Fluctuation)
3. **긴 리드타임**(Lead Time)
4. **과잉 주문**(Inflated Order)
5. **일괄, 대량 주문**(Batch Ordering)
6. 전통적인 기업 조직과 행태

52 라인 밸런싱(line balancing)의 목적에 해당하는 것은? ▸2025년 공인노무사

① 가장 짧은 작업시간을 늘리는 것
② 생산라인의 작업순서를 무작위로 배치하는 것
③ 작업장(work station) 간 작업시간을 균등하게 하여 유휴시간을 최소화하는 것
④ 작업장 수를 늘려 작업장별 여유시간을 늘리는 것
⑤ 재고수준을 조절하여 비용을 낮추는 것

정답 ▸ 47 ① 48 ④ 49 ④ 50 ④ 51 ① 52 ③

해설 ③ 라인 밸런싱(line balancing)의 목적은 작업장(work station) 간 작업시간을 균등하게 하여 유휴시간을 최소화하는 것이다.

53 공정-제품 매트릭스(process-product matrix)에 근거할 경우 공정과 제품의 연결이 옳지 않은 것은?

▸ 2024년 공인노무사

① 프로젝트공정 – 고객 맞춤형 제품
② 개별공정 – 다양한 제품
③ 뱃치공정 – 소수의 주력 제품
④ 조립라인공정 – 소량 생산되는 제품
⑤ 연속공정 – 표준화된 일용제품

해설 ④ 조립라인공정 – 대량 생산되는 제품

54 재고관리시스템에서 정량발주시스템(Q-시스템)에 관한 설명으로 옳은 것은?

▸ 2025년 공인노무사

① 정해진 시간마다 주문한다.
② 매번 주문량이 변동한다.
③ 재주문점 도달 시 주문한다.
④ 정기적으로 재고수준을 확인한다.
⑤ 주문 간격이 일정하다.

해설 **오답해설**
① 정해진 시간마다 주문하는 것은 정기발주시스템(P-시스템)이다.
② 매번 주문량이 변동하는 것은 정기발주시스템(P-시스템)이다.
④ 정기적으로 재고수준을 확인하는 것은 정기발주시스템(P-시스템)이다.
⑤ 주문 간격이 일정한 것은 정기발주시스템(P-시스템)이다.

정답 53 ④ 54 ③

Chapter 03 조직행위론

01 개인의 일부 특성을 기반으로 그 개인 전체를 평가하는 지각경향은? ▸2010년 공인노무사

① 스테레오타입
② 최근효과
③ 자존적 편견
④ 후광효과
⑤ 대조효과

해설 오답해설
① 스테레오타입 : 개인이 속한 집단에 대한 평가를 가지고 그 개인을 평가하는 지각경향
② 최근효과 : 나중에 주어진 정보를 더 민감하게 평가하는 지각경향
③ 자존적 편견 : 자신을 평가할 때, 잘 된 결과는 내부 탓, 잘못된 결과는 외부 탓하는 귀속오류
⑤ 대조효과 : 앞사람 평가가 뒷사람 평가에 영향을 주는 지각 오류

02 집단 내에 강력한 리더가 있는 것은 아니지만 어느 정도 대표성 있는 인물을 통해 비교적 공식적인 계층을 따라 의사소통이 신속하게 이루어지는 의사소통 네트워크 유형은?

▸2010년 공인노무사

① 완전연결형
② 바퀴형
③ 원형
④ 연쇄형
⑤ Y자형

해설 ⑤ Y자형은 집단 내에 강력한 리더가 있는 것은 아니지만, 어느 정도 대표성 있는 인물(즉, 조정역)을 통해 비교적 공식적인 계층(즉, 연쇄형과 유사)을 따라 의사소통이 신속하게 이루어지는 의사소통 네트워크 유형이다.

03 문제의 분석가능성과 과업다양성이라는 두 가지 차원을 이용한 페로우(C. Perrow)의 기술 분류에 해당되지 않는 것은? ▸2010년 공인노무사

① 장인기술
② 비일상적 기술
③ 중개형 기술
④ 일상적 기술
⑤ 공학적 기술

정답 ▸ 01 ④ 02 ⑤ 03 ③

해설 오답해설

③ 중개형 기술은 톰슨의 기술 분류에 해당한다.

〈참고〉 페로우의 기술 분류

		과업의 변화성(다양성)	
		저	고
문제의 분석가능성	고	일상적 기술	공학적 기술
	저	장인기술	비일상적 기술

04 허츠버그(F. Herzberg)의 2요인이론에서 동기요인(motivator)에 해당되는 것은?

▸ 2010년 공인노무사

① 감독　　　　　　　　　　② 성취감
③ 복리후생　　　　　　　　④ 작업환경
⑤ 임금

해설 오답해설

① 감독, ③ 복리후생, ④ 작업환경, ⑤ 임금은 위생(외생, 불만족) 요인에 해당한다.

05 리더십 연구 학자와 그 리더십이론의 연결이 옳지 않은 것은?

▸ 2011년 공인노무사

① 피들러(Fiedler) : 상황이론
② 허시와 블랜차드(Hersey & Blanchard) : 경로-목표이론
③ 블레이크와 머튼(Blake & Mouton) : 관리격자이론
④ 브룸과 이튼(Vroom & Yetton) : 리더-참여모형
⑤ 그린리프(Greenleaf) : 서번트(servant) 리더십

해설 ② 허시와 블랜차드(Hersey & Blanchard) : 리더십 수명주기이론

〈참고〉 하우스와 에반스 : 경로-목표이론

06 현대적 리더십이론의 하나인 변혁적 리더십에서 변혁적 리더의 특성이 아닌 것은?

▶ 2011년 공인노무사

① 카리스마
② 영감고취(inspiration)
③ 지적인 자극
④ 개별적 배려
⑤ 예외에 의한 관리

해설 ⑤ 예외에 의한 관리는 거래적 리더의 특성이다.

〈참고〉 변혁적 리더의 특징
1) 카리스마
2) 영감고취(inspiration)
3) 지적인 자극
4) 개별적 배려

07 피터 생게(Peter Senge)가 주장한 학습조직 모형의 내용에 해당하지 않는 것은?

▶ 2011년 공인노무사

① 팀 학습
② 개인적 숙련
③ 성과에 따른 평가
④ 시스템적 사고
⑤ 비전의 공유

해설 학습조직 5대 요소
1) 팀 학습
2) 개인적 숙련 = 자아 완성
3) 정신 모형 = 사고 모형
4) 시스템적 사고
5) 비전의 공유

정답 04 ② 05 ② 06 ⑤ 07 ③

08 기계적 조직과 유기적 조직의 비교·설명으로 옳은 것은? ▸ 2011년 공인노무사

① 기계적 조직은 직무 전문화가 낮고, 유기적 조직은 직무 전문화가 높다.
② 기계적 조직은 의사결정 권한이 분권화되어 있고, 유기적 조직은 의사결정 권한이 집권화되어 있다.
③ 기계적 조직은 동태적이고 복잡한 환경에 적합하며, 유기적 조직은 안정적이고 단순한 환경에 적합하다.
④ 기계적 조직은 통제범위가 넓고, 유기적 조직은 통제범위가 좁다.
⑤ 기계적 조직은 지휘계통이 길고, 유기적 조직은 지휘계통이 짧다.

해설 **오답해설**

① 기계적 조직은 직무 전문화가 높고, 유기적 조직은 직무 전문화가 낮다.
② 기계적 조직은 의사결정 권한이 집권화되어 있고, 유기적 조직은 의사결정 권한이 분권화되어 있다.
③ 기계적 조직은 안정적이고 단순한 환경에 적합하며, 유기적 조직은 동태적이고 복잡한 환경에 적합하다.
④ 기계적 조직은 통제범위가 좁고, 유기적 조직은 통제범위가 넓다.

09 동기부여의 내용이론에 해당하는 것은? ▸ 2012년 공인노무사

① 성취동기이론
② 기대이론
③ 공정성이론
④ 목표설정이론
⑤ 인지평가이론

해설 **오답해설**

② 기대이론, ③ 공정성이론, ④ 목표설정이론, ⑤ 인지평가이론은 동기부여의 과정이론이다.

10 한 사람의 업무담당자가 기능부문과 제품부문의 관리자로부터 동시에 통제를 받도록 이중권한 구조를 형성하는 조직구조는? ▸ 2012년 공인노무사

① 기능별 조직
② 사업부제 조직
③ 매트릭스 조직
④ 프로젝트 조직
⑤ 팀제 조직

해설 ③ 매트릭스 조직은 각 조직 구성원들이 행 부서(예 기능부문)와 열 부서(예 제품부문) 양쪽에 동시에 속하여, 두 부서의 관리자로부터 동시에 통제를 받도록 한 이중권한 구조이다.

11 허시와 블랜차드(P. Hersey & K.H. Blanchard)의 상황적 리더십 이론에 관한 설명으로 옳은 것은?

▶ 2012년 공인노무사

① 부하의 성과에 따른 리더의 보상에 초점을 맞춘다.
② 리더는 부하의 성숙도에 맞는 리더십을 행사함으로써 리더십 유효성을 높일 수 있다.
③ 리더가 부하를 섬기고 봉사함으로써 조직을 이끈다.
④ 리더십 유형은 지시형, 설득형, 거래형, 희생형의 4가지로 구분된다.
⑤ 리더십에 영향을 줄 수 있는 상황적 요소는 과업구조, 리더의 지위권력 등이다.

해설 **오답해설**

① 부하의 성과에 따른 리더의 보상에 초점을 맞춘 것은 거래적 리더십이다.
③ 리더가 부하를 섬기고 봉사함으로써 조직을 이끄는 것은 서번트 리더십이다.
④ 허시와 블랜차드(P. Hersey & K.H. Blanchard)의 리더십 유형은 지시형, 지원형, 참여형, 위양형의 4가지로 구분된다.
⑤ 리더십에 영향을 줄 수 있는 상황적 요소로 과업구조, 리더의 지위권력, 리더와 구성원 간의 관계를 고려한 것은 피들러의 리더십이론이다.

12 오하이오 주립대학 모형의 리더십 유형구분은?

▶ 2012년 공인노무사

① 구조주도형 리더 – 배려형 리더　　② 직무 중심적 리더 – 종업원 중심적 리더
③ 독재적 리더 – 민주적 리더　　④ 이상형 리더 – 과업지향형 리더
⑤ 무관심형 리더 – 인간관계형 리더

해설 ① 오하이오 주립대학 모형(즉, 고려와 구조주의)은 구조주도형 리더와 배려형(즉, 고려형) 리더로 리더십 유형을 구분한다.

13 기존에 제공해 주던 긍정적 보상을 제공해 주지 않음으로써 어떤 행동을 줄이거나 중지하도록 하기 위한 강화(reinforcement) 방법은?

▶ 2013년 공인노무사

① 긍정적 강화　　② 소거
③ 벌　　④ 부정적 강화
⑤ 적극적 강화

해설 **오답해설**

① 긍정적 강화, ⑤ 적극적 강화 : 긍정적 수단을 제공해 줌으로써 바람직한 행동을 늘이도록 하기 위한 강화(reinforcement) 방법
③ 벌 : 부정적 수단을 제공해 줌으로써 어떤 행동을 줄이거나 중지하도록 하기 위한 강화(reinforcement) 방법

④ 부정적 강화 : 기존에 제공해 주던 부정적 수단을 제공해 주지 않음으로써 바람직한 행동을 늘이
도록 하기 위한 강화(reinforcement) 방법

14 조직행동의 집단수준 변수에 해당하는 것은?

▸ 2013년 공인노무사

① 학습
② 지각
③ 태도
④ 성격
⑤ 협상

해설 **오답해설**
① 학습, ② 지각, ③ 태도, ④ 성격은 개인수준의 변수에 해당한다.

15 부하들 스스로가 자신을 리드하도록 만드는 리더십은?

▸ 2013년 공인노무사

① 슈퍼 리더십
② 서번트 리더십
③ 카리스마적 리더십
④ 거래적 리더십
⑤ 코칭 리더십

해설 ① 슈퍼 리더십은 리더가 솔선수범을 통해 부하로 하여금 스스로 생각하고 행동하는 자발적 리더로
만드는 리더십을 말한다.

16 매슬로우(Maslow)의 욕구단계를 순서대로 나열한 것은?

▸ 2014년 공인노무사

ㄱ. 생리욕구	ㄴ. 안전욕구
ㄷ. 소속욕구	ㄹ. 존경욕구
ㅁ. 자아실현욕구	

① ㄱ - ㄴ - ㄷ - ㄹ - ㅁ
② ㄱ - ㄷ - ㄴ - ㄹ - ㅁ
③ ㄱ - ㄷ - ㄴ - ㅁ - ㄹ
④ ㄴ - ㄱ - ㄷ - ㄹ - ㅁ
⑤ ㄴ - ㄱ - ㄷ - ㅁ - ㄹ

해설 매슬로우(Maslow)의 욕구단계 : 생리욕구 → 안전욕구 → 소속(사회적)욕구 → 존경욕구 → 자아실
현욕구

17 변혁적 리더가 갖추어야 할 자질이 아닌 것은? ▸ 2014년 공인노무사

① 조건적 보상
② 비전제시 능력
③ 신뢰 확보
④ 비전전달 능력
⑤ 설득력과 지도력

해설 변혁적 리더는 조직의 문화를 변화시켜 종업원들이 자발적으로 문화에 순응하게 함으로써 따라오게 하는 리더이다. 이를 위해서는 비전 제시가 중요하다.
① 조건적 보상은 학습이론이다.

〈참고〉 변혁적 리더의 특징
1) 카리스마
2) 영감고취(inspiration)
3) 지적인 자극
4) 개별적 배려

18 약한 문화를 가진 조직의 특성에 해당되는 것은? ▸ 2014년 공인노무사

① 응집력이 강하다.
② 의례의식, 상징, 이야기를 자주 사용한다.
③ 다양한 하위문화의 존재를 허용한다.
④ 조직가치의 중요성에 대한 광범위한 합의가 이루어져 있다.
⑤ 조직의 가치와 전략에 대한 구성원의 몰입을 증가시킨다.

해설 강한 문화의 특징
1) 응집력이 강하다.
2) 의례의식, 상징, 이야기를 자주 사용한다.
3) 조직가치의 중요성에 대한 광범위한 합의가 이루어져 있다.
4) 조직의 가치와 전략에 대한 구성원의 몰입을 증가시킨다.

19 조직에서 권력을 강화하기 위한 전술이 아닌 것은? ▸ 2014년 공인노무사

① 목표관리
② 불확실한 영역에 진입
③ 의존성 창출
④ 희소자원 제공
⑤ 전략적 상황요인 충족

해설 ① 목표관리는 종업원과 함께 목표를 정하는 것으로, 권력 분산에 해당한다.

정답 14 ⑤　15 ①　16 ①　17 ①　18 ③　19 ①

20 수단성(instrumentality) 및 유의성(valence)을 포함한 동기부여 이론은? ▸ 2015년 공인노무사

① 기대이론(expectancy theory)
② 2요인이론(two factor theory)
③ 강화이론(reinforcement theory)
④ 목표설정이론(goal setting theory)
⑤ 인지평가이론(cognitive evaluation theory)

해설 ① 기대이론(expectancy theory)은 동기부여의 과정이론으로 동기부여의 크기는 기대, 수단성, 유의성의 곱으로 결정됨을 주장하였다.

21 델파이 기법에 관한 설명으로 옳지 않은 것은? ▸ 2015년 공인노무사

① 전문가들을 두 그룹으로 나누어 진행한다.
② 많은 전문가들의 의견을 취합하여 재조정 과정을 거친다.
③ 의사결정 및 의견개진 과정에서 타인의 압력이 배제된다.
④ 전문가들을 공식적으로 소집하여 한 장소에 모이게 할 필요가 없다.
⑤ 미래의 불확실성에 대한 의사결정 및 장기예측에 좋은 방법이다.

해설 ① 전문가들을 두 그룹으로 나누어 진행하는 집단 의사결정기법은 변증법적 토의법이다.

22 Big 5 모델에서 제시하는 다섯 가지 성격요소가 아닌 것은? ▸ 2015년 공인노무사

① 개방성(openness)
② 객관성(objectivity)
③ 외향성(extraversion)
④ 성실성(conscientiousness)
⑤ 정서적 안정성(emotional stability)

해설 Big 5 모델에서 제시하는 다섯 가지 성격요소로는 ① 개방성(openness), ③ 외향성(extraversion), ④ 성실성(conscientiousness), ⑤ 정서적 안정성(emotional stability) 외에 호감성(agreeableness, 친화성)이 있다.

23 Communication에서 전달된 메시지를 자신에게 주는 의미로 변환시키는 사고과정은?

▸ 2015년 공인노무사

① 잡음(noise) ② 해독(decoding)

③ 반응(response) ④ 부호화(encoding)

⑤ 피드백(feedback)

> **해설** ② 해독(decoding)은 화자가 부호화(encoding)해서 전달한 메시지를 자신에게 주는 의미로 변환시키는 사고 과정이다.

24 다음 주장에 해당하는 이론은?

▸ 2015년 공인노무사

> ㄱ. 조직의 생존을 위해 이해관계자들로부터 정당성을 얻는 것이 중요하다.
> ㄴ. 동일 산업내의 조직형태 및 경영관행 등이 유사성을 보이는 것은 조직들이 서로 모방하기 때문이다.

① 대리인 이론 ② 제도화 이론

③ 자원의존 이론 ④ 조직군생태학 이론

⑤ 협력적네트워크 이론

> **해설** ② 제도화 이론은 사회규범, 가치체계, 정치적 요구에 따라 정당성을 획득하기 위하여 환경적 기대에 대한 의례적 동조가 발생한다는 이론이다.
>
> 〈참고〉 동형화(isomorphism) : 강압적, 모방적, 규범적

25 매슬로우(A.H. Maslow)가 제시한 욕구단계이론의 내용이 아닌 것은? ▸ 2016년 공인노무사

① 권한위임에 대한 욕구 ② 신체적 안전에 대한 욕구

③ 소속감이나 애정에 대한 욕구 ④ 의식주에 대한 욕구

⑤ 존경받고 싶은 욕구

> **해설** 매슬로우(A.H. Maslow)가 제시한 욕구단계이론은 ② 신체적 안전에 대한 욕구(안전 욕구), ④ 의식주에 대한 욕구(생리적 욕구), ③ 소속감이나 애정에 대한 욕구(사회적 욕구), ⑤ 존경받고 싶은 욕구(존경 욕구) 및 자아실현 욕구가 있다.
>
> **오답해설**
> ① 권한위임에 대한 욕구는 맥클러랜드의 권력욕구에 해당한다.

정답 20 ① 21 ① 22 ② 23 ② 24 ② 25 ①

26 허츠버그(F. Herzberg)의 2요인이론에서 동기요인을 모두 고른 것은?

▶ 2016년 공인노무사

> ㄱ. 상사와의 관계 ㄴ. 성취
> ㄷ. 회사 정책 및 관리방침 ㄹ. 작업 조건
> ㅁ. 인정

① ㄱ, ㄴ ② ㄱ, ㅁ
③ ㄴ, ㄷ ④ ㄴ, ㅁ
⑤ ㄹ, ㅁ

해설 **오답해설**

ㄱ. 상사와의 관계, ㄷ. 회사 정책 및 관리방침, ㄹ. 작업 조건은 위생(외생, 불만족) 요인이다.

27 프렌치(J.R.P. French)와 레이븐(B. Raven)이 구분한 5가지 권력 유형이 아닌 것은?

▶ 2016년 공인노무사

① 합법적 권력 ② 기회적 권력
③ 강제적 권력 ④ 보상적 권력
⑤ 준거적 권력

해설 프렌치(J.R.P. French)와 레이븐(B. Raven)이 구분한 5가지 권력 유형에는 합법적 권력, 강제적 권력, 보상적 권력, 준거적 권력, 전문적 권력이 있다.

오답해설

프렌치(J.R.P. French)와 레이븐(B. Raven)이 구분한 5가지 권력 유형에 ② 기회적 권력은 해당되지 않는다.

28 다음 설명에 해당하는 지각 오류는?

▶ 2016년 공인노무사

> 어떤 대상(개인)으로부터 얻은 일부 정보가 다른 부분의 여러 정보들을 해석할 때 영향을 미치는 것

① 자존적 편견 ② 후광효과
③ 투사 ④ 통제의 환상
⑤ 대조효과

해설 ② 후광효과는 halo effect 또는 현혹효과라고 한다.

오답해설
③ 투사 : 타인 평가 시 자신의 감정이나 경향을 전가시키는 지각 오류

29 다음에서 설명하는 조직이론은?

▶ 2017년 공인노무사

- 조직의 환경요인들은 상호의존적인 관계를 형성하여야 한다.
- 조직 생존의 핵심적인 요인은 자원을 획득하고 유지할 수 있는 능력이다.
- 조직은 자율성과 독립성을 유지하기 위하여 환경에 대한 영향력을 행사해야 한다.

① 제도화 이론 ② 자원의존 이론
③ 조직군 생태학 이론 ④ 거래비용 이론
⑤ 학습조직 이론

해설 인간 본성에 대한 가정과 조직 분석의 수준 – astley와 van de ven
(1) 인간 본성에 대한 가정 : 임의론적 관점(개인이나 조직이 자율적이며 진취적으로 행동), 결정론적 관점(개인이나 조직의 행위는 상황에 의한 것, 수동적으로 반응)
(2) 조직 분석의 수준 : 미시적 수준(개별조직을 대상), 거시적 수준(조직 공동체를 대상)

	결정론	임의론
조직군	자연적 선택 관점 – 조직군 생태학 이론 – 시장과 위계 이론 – 조직경제학(대리이론, 거래비용이론)	공동적 행동 관점 – 공동체 생태학 이론
개별조직	시스템 – 구조적 관점 – 구조적 상황이론	전략적 선택관점 – 전략적 선택이론

	환경결정론	수동적 적응론	자유의지론
거시(조직군)	• 조직 경제학 • 조직군 생태학 이론		• 공동체 생태학 이론 • 조직 간 관계론
미시(개별조직)		상황 적응 이론	• 전략적 선택 이론 • 자원의존 이론

1) 구조적 상황이론 : 환경에 따라 조직구조를 다르게 설계하여 적응성을 높여 조직의 효과성과 효율성을 향상시키는 것(예 교육부 ⇒ 교육인적자원부 : 환경변화에 따른 수동적 적응)
2) 조직군 생태학 이론 : 조직은 환경과 동질성을 유지하려고 하며, 환경과 적합한 조직만 생존하고 부적합하면 도태된다(예 석탄 관련 동력자원부의 소멸).

정답 26 ④ 27 ② 28 ② 29 ②

3) 제도화 이론 : 사회규범・가치체계・정치적 요구에 따라 정당성을 획득하기 위하여 환경적 기대에 대한 의례적 동조가 발생(예 여성가족부 신설 : 효율성 논리 배제)

4) 자원의존이론 : 환경과의 협상・타협, 희소자원에 대한 통제력을 보유한 조직을 최선의 조직으로 보아 외부환경의 변화를 지향한다(예 정보통신부 신설).

5) 협력적 네트워크 이론 : 환경이 점점 불확실하게 조성되면서, 조직이 성공을 위해 의도적으로 다른 조직과 의존적인 관계를 맺는다는 이론으로, 자원의존이론의 대안으로 나타난 이론이다.

30 기대이론에서 동기부여를 유발하는 요인에 관한 설명으로 옳지 않은 것은?

▶ 2017년 공인노무사

① 수단성이 높아야 동기부여가 된다.

② 기대가 높아야 동기부여가 된다.

③ 조직에 대한 신뢰가 클수록 수단성이 높아진다.

④ 가치관에 부합되는 보상이 주어질수록 유의성이 높아진다.

⑤ 종업원들은 주어진 보상에 대하여 동일한 유의성을 갖는다.

해설 ⑤ 종업원들은 주어진 보상에 대하여 상이한 유의성을 갖는다.

31 리더십에 관한 설명으로 옳지 않은 것은?

▶ 2017년 공인노무사

① 거래적 리더십은 리더와 종업원 사이의 교환이나 거래관계를 통해 발휘된다.

② 서번트 리더십은 목표달성이라는 결과보다 구성원에 대한 서비스에 초점을 둔다.

③ 카리스마적 리더십은 비전달성을 위해 위험감수 등 비범한 행동을 보인다.

④ 변혁적 리더십은 장기비전을 제시하고 구성원들의 가치관 변화와 조직몰입을 증가시킨다.

⑤ 슈퍼 리더십은 리더가 종업원들을 관리하고 통제할 수 있는 힘과 기술을 가지도록 하는 데 초점을 둔다.

해설 ⑤ 슈퍼 리더십은 종업원들을 스스로 관리하고 통제할 수 있는 셀프리더로 만들어 주려는 것으로 리더의 솔선수범이 전제되어야 하고 조직구조가 자율경영체제로 바뀌어야 한다. 종업원으로 하여금 힘과 기술을 가지도록 하는 것은 아니다.

32 다음 사례에서 A의 행동을 설명하는 동기부여이론은?　▸ 2018년 공인노무사

> 팀원 A는 작년도 목표 대비 업무실적을 100% 달성하였다. 이에 반해 같은 팀 동료 B는 동일 목표 대비 업무실적이 10% 부족하였지만 A와 동일한 인센티브를 받았다. 이 사실을 알게 된 A는 팀장에게 추가 인센티브를 요구하였으나 받아들여지지 않자 결국 이직하였다.

① 기대이론
② 공정성이론
③ 욕구단계이론
④ 목표설정이론
⑤ 인지적 평가이론

해설 오답해설

⑤ 인지적 평가이론은 자아지각이론이라고도 하는데, 종업원들이 내적 보상에 의해 동기 유발되어 있을 때, 외적 보상의 투입에 주의(신중)해야 한다는 이론이다.

33 맥그리거(D. McGregor)의 X-Y이론은 인간에 대한 기본 가정에 따라 동기부여방식이 달라진다는 것이다. Y이론에 해당하는 가정 또는 동기부여방식이 아닌 것은?　▸ 2018년 공인노무사

① 문제해결을 위한 창조적 능력 보유
② 직무수행에 대한 분명한 지시
③ 조직목표 달성을 위한 자기 통제
④ 성취감과 자아실현 추구
⑤ 노동에 대한 자연스러운 수용

해설 ② 직무수행에 대한 분명한 지시는 수동적 인간관을 가정하는 X이론에 해당한다.

34 서번트(servant) 리더의 특성으로 옳지 않은 것은?　▸ 2018년 공인노무사

① 부하의 성장을 위해 헌신한다.
② 부하의 감정에 공감하고 이해하려고 노력한다.
③ 권력이나 지시보다는 설득으로 부하를 대한다.
④ 조직의 구성원들에게 공동체 정신을 심어준다.
⑤ 비전 달성을 위해 위험감수 등 비범한 행동을 보인다.

해설 ⑤ 비전 달성을 위해 위험감수 등 비범한 행동을 보이는 것은 카리스마적 리더이다.

정답 　30 ⑤　31 ⑤　32 ②　33 ②　34 ⑤

35 매슬로우(A.H. Maslow)의 욕구단계이론에 관한 설명으로 옳지 않은 것은? ▸ 2019년 공인노무사

① 최하위 단계의 욕구는 생리적 욕구이다.

② 최상위 단계의 욕구는 자아실현 욕구이다.

③ 욕구계층을 5단계로 설명하고 있다.

④ 다른 사람으로부터 인정과 존경을 받고자 하는 욕구는 성장욕구에 속한다.

⑤ 하위단계의 욕구가 충족되어야 상위단계의 욕구를 충족시키기 위한 동기부여가 된다.

> **해설** ④ 성장욕구는 알더퍼의 G욕구에 해당한다. 다른 사람으로부터 인정과 존경을 받고자 하는 욕구는 존경욕구로 매슬로우의 욕구 5단계 중 4단계 욕구에 해당한다.

36 강화계획(schedules of reinforcement)에서 불규칙한 횟수의 바람직한 행동 후 강화요인을 제공하는 기법은? ▸ 2019년 공인노무사

① 고정간격법 　　　　② 변동간격법

③ 고정비율법 　　　　④ 변동비율법

⑤ 연속강화법

> **해설** **오답해설**
> ① 고정간격법 : 고정된 시간 간격마다 강화요인을 제공하는 기법
> ② 변동간격법 : 일정하지 않은 시간 간격마다 강화요인을 제공하는 기법
> ③ 고정비율법 : 규칙적인 횟수의 바람직한 행동 후 강화요인을 제공하는 기법
> ⑤ 연속강화법 : 강화전략을 사용하는 기간 동안 모든 행위에 대해 강화요인을 제공하는 기법

37 아담스(J.S. Adams)의 공정성이론에서 조직구성원들이 개인적 불공정성을 시정(是正)하기 위한 방법에 해당하지 않는 것은? ▸ 2019년 공인노무사

① 투입의 변경 　　　　② 산출의 변경

③ 투입과 산출의 인지적 왜곡 　　　　④ 장(場) 이탈

⑤ 준거인물 유지

> **해설** ⑤ 개인적 불공정성을 시정하기 위해 준거인물을 교체한다.

38 상사 A에 대한 나의 태도를 기술한 것이다. 다음에 해당하는 태도의 구성요소를 옳게 연결한 것은?

▸ 2019년 공인노무사

> ㄱ. 나의 상사 A는 권위적이다.
> ㄴ. 나는 상사 A가 권위적이어서 좋아하지 않는다.
> ㄷ. 나는 권위적인 상사 A의 지시를 따르지 않겠다.

① ㄱ. 감정적 요소 ㄴ. 인지적 요소 ㄷ. 행동적 요소
② ㄱ. 감정적 요소 ㄴ. 행동적 요소 ㄷ. 인지적 요소
③ ㄱ. 인지적 요소 ㄴ. 행동적 요소 ㄷ. 감정적 요소
④ ㄱ. 인지적 요소 ㄴ. 감정적 요소 ㄷ. 행동적 요소
⑤ ㄱ. 행동적 요소 ㄴ. 감정적 요소 ㄷ. 인지적 요소

해설 태도의 구성요소는 인지적 요소, 감정적 요소, 행동적 요소가 있다.
태도는 'ㄱ. 나의 상사 A는 권위적이다(인지적 태도). → ㄴ. 나는 상사 A가 권위적이어서 좋아하지 않는다(감정적 태도). → ㄷ. 나는 권위적인 상사 A의 지시를 따르지 않겠다(행동적 태도).' 순으로 반응한다.

39 프렌치와 레이븐(French & Raven)의 권력원천 분류에 따라 개인적 원천의 권력에 해당하는 것을 모두 고른 것은?

▸ 2019년 공인노무사

> ㄱ. 강제적 권력   ㄴ. 준거적 권력
> ㄷ. 전문적 권력   ㄹ. 합법적 권력
> ㅁ. 보상적 권력

① ㄱ, ㄴ   ② ㄴ, ㄷ
③ ㄷ, ㄹ   ④ ㄹ, ㅁ
⑤ ㄱ, ㄴ, ㅁ

해설 오답해설
ㄱ. 강제적 권력, ㄹ. 합법적 권력, ㅁ. 보상적 권력은 조직구조상 상하관계에서 나타나는 권력에 해당한다.

정답 35 ④ 36 ④ 37 ⑤ 38 ④ 39 ②

40 집단의사결정의 특징에 관한 설명으로 옳지 않은 것은?　▸2019년 공인노무사

① 구성원으로부터 다양한 정보를 얻을 수 있다.
② 의사결정에 참여한 구성원들의 교육효과가 높게 나타난다.
③ 구성원의 합의에 의한 것이므로 수용도와 응집력이 높아진다.
④ 서로의 의견에 비판 없이 동의하는 경향이 있다.
⑤ 차선책을 채택하는 오류가 발생하지 않는다.

해설　⑤ 집단의사결정은 최적안이 폐기되고 차선책을 채택하는 오류가 발생할 수 있다.

41 페로우(C. Perrow)가 제시한 기술 분류 기준으로 옳은 것을 모두 고른 것은?　▸2020년 공인노무사

ㄱ. 기술복잡성	ㄴ. 과업다양성
ㄷ. 상호의존성	ㄹ. 과업정체성
ㅁ. 문제분석 가능성	

① ㄱ, ㄴ　　　　　　② ㄴ, ㄹ
③ ㄴ, ㅁ　　　　　　④ ㄷ, ㅁ
⑤ ㄱ, ㄷ, ㄹ

해설　**오답해설**

ㄱ. 기술복잡성 : 우드워드
ㄷ. 상호의존성 : 톰슨

〈참고〉 페로우의 기술 분류

		과업의 변화성(다양성)	
		저	고
문제의 분석가능성	고	일상적 기술	공학적 기술
	저	장인기술	비일상적 기술

42 매트릭스 조직의 장점에 해당하지 않는 것은?

▸ 2020년 공인노무사

① 구성원들 간 갈등해결 용이
② 환경 불확실성에 신속한 대응
③ 인적자원의 유연한 활용
④ 제품 다양성 확보
⑤ 구성원들의 역량향상 기회 제공

해설 ① 매트릭스 조직은 한 종업원이 기능별 조직과 프로젝트 조직에 동시에 속해 있으므로 구성원들 간 갈등해결이 어려운 단점이 있다.

43 하우스(R. House)가 제시한 경로–목표이론의 리더십 유형에 해당하지 않는 것은?

▸ 2020년 공인노무사

① 권한위임적 리더십
② 지시적 리더십
③ 지원적 리더십
④ 성취지향적 리더십
⑤ 참가적 리더십

해설 하우스(R. House)와 에반스가 제시한 경로–목표이론의 리더십 유형은 ② 지시적(수단적) 리더십, ③ 지원적(후원적) 리더십, ⑤ 참가적 리더십, ④ 성취지향적 리더십 등이 있다.

오답해설
① 권한위임적 리더십은 허시와 블랜차드의 리더십 수명주기 이론의 리더십 이론이다.

44 구성원들 간 의사소통이 강력한 특정 리더에게 집중되는 유형은?

▸ 2020년 공인노무사

① 원형
② Y자형
③ 수레바퀴형
④ 사슬형
⑤ 전체연결형

해설 유사한 유형으로 ② Y자형, ④ 사슬형이 있으나, 모든 구성원들 간 의사소통이 강력한 특정 리더 1명에게 집중되는 유형에는 ③ 수레바퀴형이 가장 가깝다.

정답 ｜ 40 ⑤ ｜ 41 ③ ｜ 42 ① ｜ 43 ① ｜ 44 ③

45

파스칼(R. Pascale)과 피터스(T. Peters)의 조직문화 7S 중 다른 요소들을 연결시켜주는 핵심적인 요소는?　▸ 2020년 공인노무사

① 전략(strategy)　　　　　　　② 관리기술(skill)
③ 공유가치(shared value)　　④ 관리시스템(system)
⑤ 구성원(staff)

해설　파스칼(R. Pascale)과 피터스(T. Peters)의 조직문화 7S 중 다른 요소들을 연결시켜주는 핵심적인 요소는 ③ 공유가치(shared value)이다. 7S 요소에는 ① 전략(strategy), ② 관리기술(skill), ④ 관리시스템(system), ⑤ 구성원(staff) 및 리더십 스타일(style)과 구조(structure)가 있다.

46

브룸(V. Vroom)이 제시한 기대이론의 작동순서로 올바른 것은?　▸ 2020년 공인노무사

① 기대감 → 수단성 → 유의성
② 기대감 → 유의성 → 수단성
③ 수단성 → 유의성 → 기대감
④ 유의성 → 수단성 → 기대감
⑤ 유의성 → 기대감 → 수단성

해설　브룸(V. Vroom)이 제시한 기대이론의 작동순서 : 기대감(Expectancy, E ; 노력이 성과를 가져올 주관적 확률) → 수단성(Instrumentality, I ; 성과가 보상을 가져올 주관적 확률) → 유의성(Valence, Vk ; 개인에게 있어서 결과의 중요성)

47

허츠버그(F. Herzberg)의 2요인이론에서 위생요인에 해당하는 것은?　▸ 2021년 공인노무사

① 성취감　　　　　② 도전감
③ 임금　　　　　　④ 성장가능성
⑤ 직무내용

해설　③ 임금은 위생요인에 해당한다.

오답해설
① 성취감, ② 도전감, ④ 성장가능성, ⑤ 직무내용은 동기(내생)요인에 해당한다.

48 마키아벨리즘(machiavellism)에 관한 설명으로 옳지 않은 것은?　▸ 2021년 공인노무사

① 마키아벨리즘은 자신의 이익을 위해 타인을 이용하고 조작하려는 성향이다.

② 마키아벨리즘이 높은 사람은 감정적 거리를 잘 유지한다.

③ 마키아벨리즘이 높은 사람은 남을 잘 설득하며 자신도 잘 설득된다.

④ 마키아벨리즘이 높은 사람은 최소한의 규정과 재량권이 있을 때 높은 성과를 보이는 경향이 있다.

⑤ 마키아벨리즘이 높은 사람은 목적이 수단을 정당화시킬 수 있다고 믿는 경향이 있다.

해설 ③ 마키아벨리즘이 높은 사람은 잘 설득되지 않는다.

49 조직으로부터 나오는 권력을 모두 고른 것은?　▸ 2021년 공인노무사

ㄱ. 보상적 권력	ㄴ. 전문적 권력
ㄷ. 합법적 권력	ㄹ. 준거적 권력
ㅁ. 강제적 권력	

① ㄱ, ㄴ, ㄷ　　　　　　② ㄱ, ㄴ, ㄹ

③ ㄱ, ㄷ, ㅁ　　　　　　④ ㄴ, ㄹ, ㅁ

⑤ ㄷ, ㄹ, ㅁ

해설 **오답해설**
ㄴ. 전문적 권력, ㄹ. 준거적 권력은 개인의 특성에 의해 나타나는 권력이다.

50 다음 설명에 해당하는 의사결정기법은?　▸ 2021년 공인노무사

- 자유롭게 아이디어를 제시할 수 있다.
- 타인이 제시한 아이디어에 대해 비판은 금지된다.
- 아이디어의 질보다 양을 강조한다.

① 브레인스토밍(brainstorming)　　② 명목집단법(nominal group technique)

③ 델파이법(delphi technique)　　④ 지명반론자법(devil's advocacy)

⑤ 프리모텀법(premortem)

정답　45 ③　46 ①　47 ③　48 ③　49 ③　50 ①

해설 **오답해설**

② 명목집단법(nominal group technique) : 한 곳에 모여서 토론 없이 쪽지나 투표를 통해 의견을 모으는 기법

④ 지명반론자법(devil's advocacy) : 토론에 참여하지 않고 반론할 지명자를 정해서 토론하는 기법

⑤ 프리모텀법(premortem, 사전 부검) : 실패를 가정하여 실패의 원인을 찾고자 하는 기법

51 조직설계의 상황변수에 해당하는 것을 모두 고른 것은?

▶ 2022년 공인노무사

| ㄱ. 복잡성 | ㄴ. 전략 | ㄷ. 공식화 | ㄹ. 기술 | ㅁ. 규모 |

① ㄱ, ㄴ, ㄷ
② ㄱ, ㄴ, ㄹ
③ ㄱ, ㄷ, ㅁ
④ ㄴ, ㄹ, ㅁ
⑤ ㄷ, ㄹ, ㅁ

해설 **오답해설**

ㄱ. 복잡성, ㄷ. 공식화는 조직설계 변수에 해당한다.

52 다음에서 설명하는 조직이론은?

▶ 2022년 공인노무사

• 조직형태는 환경에 의하여 선택되거나 도태될 수 있다.
• 기존 대규모 조직들은 급격한 환경변화에 적응하기 어려워 공룡신세가 되기 쉽다.
• 변화과정은 변이(variation), 선택(selection), 보존(retention)의 단계를 거친다.

① 자원의존 이론
② 제도화 이론
③ 학습조직 이론
④ 조직군 생태학 이론
⑤ 거래비용 이론

해설 ④ 조직군 생태학 이론 : 조직은 환경과 동질성을 유지하려고 하며, 환경과 적합한 조직만 생존하고 부적합하면 도태된다(예 석탄 관련 동력자원부의 소멸).

53 민츠버그(H. Minzberg)의 5가지 조직유형에 해당하지 않는 것은? ▶ 2023년 공인노무사

① 매트릭스 조직
② 기계적 관료제
③ 전문적 관료제
④ 애드호크라시
⑤ 사업부제 조직

해설 민츠버그(H. Minzberg)의 5가지 조직유형에는 ② 기계적 관료제, ③ 전문적 관료제, ④ 애드호크라시, ⑤ 사업부제 조직 외에 '단순 조직'이 있다.

54 퀸과 카메론(R. Quinn & K. Cameron)이 제시한 조직수명주기 단계의 순서로 옳은 것은?
▶ 2023년 공인노무사

ㄱ. 창업단계	ㄴ. 공식화 단계
ㄷ. 집단공동체 단계	ㄹ. 정교화 단계

① ㄱ → ㄴ → ㄷ → ㄹ
② ㄱ → ㄴ → ㄹ → ㄷ
③ ㄱ → ㄷ → ㄴ → ㄹ
④ ㄱ → ㄷ → ㄹ → ㄴ
⑤ ㄱ → ㄹ → ㄴ → ㄷ

해설 퀸과 카메론(R. Quinn & K. Cameron)이 제시한 조직수명주기 단계의 순서는 ㄱ. 창업단계 → ㄷ. 집단공동체 단계 → ㄴ. 공식화 단계 → ㄹ. 정교화 단계이다.

55 켈리(H. Kelley)의 귀인이론에서 행동의 원인을 내적 또는 외적으로 판단하는데 활용하는 것을 모두 고른 것은? ▶ 2023년 공인노무사

ㄱ. 특이성(distinctiveness)	ㄴ. 형평성(equity)
ㄷ. 일관성(consistency)	ㄹ. 합의성(consensus)
ㅁ. 관계성(relationship)	

① ㄱ, ㄴ, ㄷ
② ㄱ, ㄷ, ㄹ
③ ㄱ, ㄹ, ㅁ
④ ㄴ, ㄷ, ㅁ
⑤ ㄴ, ㄹ, ㅁ

정답 51 ④ 52 ④ 53 ① 54 ③ 55 ②

해설 켈리(H. Kelley)의 귀인이론에서 행동의 원인을 내적 또는 외적으로 판단하는 데 활용하는 것은 ㄱ. 특이성(distinctiveness), ㄷ. 일관성(consistency), ㄹ. 합의성(consensus) 등이다.

56 집단사고(groupthink)의 증상에 해당하지 않는 것은?

▸2023년 공인노무사

① 자신의 집단은 잘못된 의사결정을 하지 않는다는 환상
② 의사결정이 만장일치로 이루어져야 한다는 환상
③ 반대의견을 스스로 자제하려는 자기검열
④ 외부집단에 대한 부정적인 상동적 태도
⑤ 개방적인 분위기를 형성해야 한다는 압력

해설 ⑤ 개방적인 분위기에서는 집단사고(groupthink)가 나타나지 않는다.

57 성격의 Big 5 모형에 해당하지 않는 것은?

▸2023년 공인노무사

① 정서적 안정성
② 성실성
③ 친화성
④ 모험선호성
⑤ 개방성

해설 성격의 Big 5 모형에 해당하는 것은 ① 정서적 안정성, ② 성실성, ③ 친화성, ⑤ 개방성 및 외향성이 있다.

58 피들러(F. Fiedler)의 상황적합 리더십이론에 관한 설명으로 옳지 않은 것은?

▸2023년 공인노무사

① LPC 척도는 가장 선호하지 않는 동료작업자를 평가하는 것이다.
② LPC 점수를 이용하여 리더십 유형을 파악한다.
③ 상황요인의 3가지는 리더−부하관계, 과업구조, 부하의 성숙도이다.
④ 상황의 호의성이 중간 정도인 경우에는 관계지향적 리더십이 효과적이다.
⑤ 상황의 호의성이 좋은 경우에는 과업지향적 리더십이 효과적이다.

해설 ③ 피들러(F. Fiedler)의 상황적합 리더십이론에서 상황요인의 3가지는 리더−부하관계, 과업구조, 리더의 권한 등이다. 부하의 성숙도는 허시와 블랜차드의 리더십 수명주기 이론에서의 상황요인이다.

59

효과적인 의사소통을 방해하는 요인 중 발신자와 관련된 요인이 아닌 것은?

▸ 2024년 공인노무사

① 의사소통 기술의 부족
② 준거체계의 차이
③ 의사소통 목적의 결여
④ 신뢰성의 부족
⑤ 정보의 과부하

해설 의사소통을 방해하는 요인으로는 발신자, 수신자, 상황 등이 있다. 이 중 ① 의사소통 기술의 부족, ② 준거체계의 차이, ③ 의사소통 목적의 결여, ④ 신뢰성의 부족은 발신자와 관련된 요인이다.

오답해설
⑤ 정보의 과부하는 의사소통을 방해하는 요인 중 상황과 관련된 요인이다.

60

변혁적 리더십의 구성요소 중 다음 내용에 해당하는 것은?

▸ 2024년 공인노무사

- 높은 기대치를 전달하고, 노력에 집중할 수 있도록 상징을 사용
- 미래에 대한 매력적인 비전 제시, 업무의 의미감 부여, 낙관주의와 열정을 표출

① 예외에 의한 관리　　　　② 영감적 동기부여
③ 지적 자극　　　　　　　④ 이상적 영향력
⑤ 개인화된 배려

해설 변혁적 리더십의 구성요소는 ② 영감적 동기부여, ③ 지적 자극, ④ 이상적 영향력(또는 카리스마), ⑤ 개인화된 배려 등이 있다. 이 중 높은 기대치를 전달하고, 노력에 집중할 수 있도록 상징을 사용하거나, 미래에 대한 매력적인 비전 제시, 업무의 의미감 부여, 낙관주의와 열정을 표출하는 것은 ② 영감적 동기부여로 볼 수 있다.

61 다음과 같은 장점을 지닌 조직구조는?
▶ 2024년 공인노무사

> • 관리 비용을 절감할 수 있음
> • 작은 기업들도 전 세계의 자원과 전문적인 인력을 활용할 수 있음
> • 창업 초기에 공장이나 설비 등의 막대한 투자 없이도 사업이 가능

① 사업별 조직구조
② 프로세스 조직구조
③ 매트릭스 조직구조
④ 지역별 조직구조
⑤ 네트워크 조직구조

해설 ⑤ 네트워크 조직은 핵심 기능만 자체 보유하고 나머지 기능은 외부화하는 것으로, 극단적 아웃소싱과 비슷한 개념이다.

62 페로우(C. Perrow)의 기술분류 유형 중 과업다양성과 분석가능성이 모두 낮은 유형은?
▶ 2024년 공인노무사

① 일상적 기술
② 비일상적 기술
③ 장인기술
④ 공학기술
⑤ 중개기술

해설 페로우의 기술 분류

문제의 분석가능성		과업의 변화성(다양성)	
		저	고
	고	일상적 기술	공학적 기술
	저	장인기술	비일상적 기술

63 마일즈(R. Miles)와 스노우(C. Snow)의 전략 유형 중 유연성이 높고 분권화된 학습지향 조직구조로 설계하는 것이 적합한 전략은?
▶ 2024년 공인노무사

① 반응형 전략
② 저원가 전략
③ 분석형 전략
④ 공격형 전략
⑤ 방어형 전략

> **해설** 마일즈(R. Miles)와 스노우(C. Snow)의 전략 유형은 ① 반응형 전략, ③ 분석형 전략, ④ 공격형 전략, ⑤ 방어형 전략이 있다. 이 중 유연성이 높고 분권화된 학습지향 조직구조로 설계하는 것이 적합한 전략은 ④ 공격형 전략이다.

64

핵심자기평가(core self-evaluation)가 높은 사람들은 자신을 가능성 있고, 능력 있고, 가치 있는 사람으로 평가한다. 핵심자기평가의 구성요소를 모두 고른 것은? ▸ 2024년 공인노무사

ㄱ. 자존감	ㄴ. 관계성
ㄷ. 통제위치	ㄹ. 일반화된 자기효능감
ㅁ. 정서적 안정성	

① ㄱ, ㄴ, ㄷ
② ㄱ, ㄴ, ㅁ
③ ㄱ, ㄴ, ㄹ, ㅁ
④ ㄱ, ㄷ, ㄹ, ㅁ
⑤ ㄴ, ㄷ, ㄹ, ㅁ

> **해설** 핵심자기평가는 사회심리학, 성격, 임상심리학, 철학 등 다양한 영역의 문헌으로부터 개념적 기반을 두고 있는 개인특성을 가진 개념으로, 기존의 성격개념보다 개념적 영역범위가 더 넓은 것이 특징이다. 핵심자기평가는 또한 잠재의식을 강조하기 때문에 기존의 개인특성 영역과 차별된다(Judge et al. 1997). Judge et al.(1997)에 의하면 개인들은 행동을 위해 자기자신의 능력과 의지를 평가하며, 이러한 평가결과는 행동 및 지각과정에 영향을 준다고 정의하고 있는데, 이러한 의미가 기존의 개인특성과 다른 점이다.
> 핵심자기평가는 자기존중, 통제위치, 일반화된 자기효능감, 신경증(정서적 안정성) 등 **4가지**의 개인특성들로 구성되어 있다. 이러한 4가지 특성은 자기 자신에 대한 근본적인 평가에 초점을 두고 있다. 즉, 자신이 유능하고 성공할 수 있다고 인정하고 지각하는 **자기존중(self-esteem)**, 다양한 상황에서 성공적으로 수행할 수 있다고 지각하는 **일반화된 자기효능감(generalized self-efficacy)**, 외부환경을 통제할 수 있다고 지각하는 **내재적 통제위치**, 그리고 정서적으로 안정되어 있는 정도를 측정하는 **신경증(neuroticism, 정서적 안정성)** 등 4가지의 개인특성들로 구성되어 있다. 이 외에도 핵심자기평가는 주위의 타인에 대한 평가와 주위의 환경에 대한 평가를 포함하고 있으며, 겉으로 드러난 특성(surface traits)이 아닌 근본적 특성(fundamentality)과 관련되며, 개별특성보다 범위가 더 넓은 광범위한 특성이다. 이러한 4가지 특성은 고차요인모형(higher-order construct)에서 하나의 공통요인을 보여주고 있다.

정답 ▸ 61 ⑤ 62 ③ 63 ④ 64 ④

65 킬만(T. Kilmann)의 갈등관리 유형 중 목적달성을 위해 비협조적으로 자기 관심사만을 만족시키려는 유형은? ▸2024년 공인노무사

① 협력형
② 수용형
③ 회피형
④ 타협형
⑤ 경쟁형

해설 토마스–킬만 갈등관리 유형은 5가지로 분류되며, 각 유형은 갈등 상황에서 특정한 행동 패턴을 보인다. 다음은 각 유형에 대한 설명이다.

1. 경쟁형(Competing)
경쟁형은 자신의 목표를 달성하기 위해 타인의 희생을 감수하는 스타일이다. 강력한 주장과 결정력을 필요로 하며, 종종 신속한 결단이 필요할 때 사용된다. 그러나 지나치게 사용하면 관계가 손상될 수 있다.

2. 회피형(Avoiding)
회피형은 갈등을 피하고 문제를 무시하거나 연기하는 스타일이다. 갈등을 해결할 시간이나 에너지가 부족할 때 또는 갈등이 사소할 때 유용할 수 있지만, 중요한 문제를 방치하면 더 큰 문제로 발전할 수 있다.

3. 수용형(Accommodating)
수용형은 타인의 요구를 수용하고 자신의 요구를 양보하는 스타일이다. 관계 유지를 위해 상대방의 입장을 받아들이며, 상대방이 더 중요한 이슈를 가지고 있을 때 유용하다. 그러나 지나치면 자신이 희생될 수 있다.

4. 협력형(Collaborating)
협력형은 모든 관련자의 이익을 최대한 반영하는 해결책을 찾기 위해 협력하는 스타일이다. 문제의 근본 원인을 해결하고, 창의적인 해결책을 도출하며, 관계를 강화하는데 유용하다. 그러나 시간이 많이 소요될 수 있다.

5. 타협형(Compromising)
타협형은 양쪽이 약간의 양보를 통해 서로의 이익을 부분적으로 충족하는 해결책을 찾는 스타일이다. 빠르고 공정한 해결책을 찾을 때 유용하지만, 양측이 모두 완전히 만족하지 못할 수 있다.

66 민츠버그(H. Mintzberg)의 조직유형에 해당하는 것을 모두 고른 것은? ▸2025년 공인노무사

ㄱ. 매트릭스 조직	ㄴ. 사업부제 조직
ㄷ. 애드호크라시 조직	ㄹ. 기계적 관료조직
ㅁ. 단순조직	

① ㄱ, ㄴ, ㄷ
② ㄱ, ㄴ, ㅁ
③ ㄴ, ㄹ, ㅁ
④ ㄱ, ㄷ, ㄹ, ㅁ
⑤ ㄴ, ㄷ, ㄹ, ㅁ

해설 민츠버그(H. Mintzberg)는 조직의 5가지 주요부문 중 어떤 부문이 강조되느냐에 따라 여러 형태로 구분하였다. 즉, 강조되는 중요 부문이 최고경영부문(전략경영층)일 때는 <u>단순구조</u>, 기술지원부문(기술전문가)일 때는 <u>기계적 관료제</u>, 생산핵심부문(핵심운영층)일 때는 <u>전문적 관료제</u>, 중간관리부문일 때는 <u>사업부제</u>, 일반지원부문(지원스텝)일 때는 <u>애드호크라시 유형</u>이 바람직하다고 하였다.

오답해설
ㄱ. 매트릭스 조직은 민츠버그의 조직유형에 해당하지 않는다.

67 우드워드(J. Woodward)가 분류한 기술유형으로 옳은 것을 모두 고른 것은?

▶ 2025년 공인노무사

ㄱ. 대량생산기술	ㄴ. 결합생산기술
ㄷ. 단위소량생산기술	ㄹ. 연속공정생산기술
ㅁ. 유연생산기술	

① ㄱ, ㄴ, ㄷ   ② ㄱ, ㄷ, ㄹ
③ ㄴ, ㄹ, ㅁ   ④ ㄱ, ㄴ, ㄷ, ㅁ
⑤ ㄴ, ㄷ, ㄹ, ㅁ

해설 우드워드(J. Woodward)는 기술의 복잡성 기준으로 기술유형을 단위소량생산기술(ㄷ), 대량생산기술(ㄱ), 연속공정생산기술(ㄹ)로 분류하였다.

68 로키치(M. Rokeach)의 최종가치(terminal values)에 해당하는 것을 모두 고른 것은?

▶ 2025년 공인노무사

ㄱ. 편안한 삶(comfortable life)	ㄴ. 야망(ambitious)
ㄷ. 행복(happiness)	ㄹ. 용기(courageous)
ㅁ. 즐거움(pleasure)	

① ㄱ, ㄷ   ② ㄴ, ㄹ
③ ㄱ, ㄷ, ㅁ   ④ ㄴ, ㄹ, ㅁ
⑤ ㄱ, ㄷ, ㄹ, ㅁ

해설 로키치(M. Rokeach)의 최종가치(terminal values, 궁극적 가치)에 해당하는 것은 ㄱ. 편안한 삶(comfortable life), ㄷ. 행복(happiness), ㅁ. 즐거움(pleasure)이다. 수단적 가치에 해당하는 것은 ㄴ. 야망(ambitious), ㄹ. 용기(courageous)이다.

정답 65 ⑤   66 ⑤   67 ②   68 ③

〈참고〉
- 궁극적 가치(terminal value) : 바람직한 존재 양태, 평생 추구 목표
  → <u>행복</u>, 재미, 성취, <u>평화</u>, <u>기쁨</u>, 지혜, 우정, 자유, 평등, 구원, 우정, 자아존중 등
- 수단적 가치(instrumental value) : 선호 행동 양식, 궁극적 가치를 달성하기 위한 수단
  → 애정, 근면, 능력, 청결, <u>용기</u>, 관용, 지능, 정직, 공손, 책임, 상상력, 독립성 등

69 ( )에 들어갈 내용으로 옳은 것은?

▶ 2025년 공인노무사

> 켈리(H. Kelley)의 귀인이론에서는 합의성(consensus), 특이성(distinctiveness), 일관성(consistency)을 이용하여 행위의 원인을 판단한다. 예를 들어, A학생은 이번 학기에 5개 과목을 수강하고 있는데, 중간시험에서 경영학 과목에서만 시험점수가 좋지 않았고 나머지 다른 과목에서는 모두 좋은 점수를 받았다고 한다. 이 경우는 ( )의 사례라고 할 수 있다.

① 낮은 합의성
② 높은 특이성
③ 낮은 특이성
④ 높은 일관성
⑤ 낮은 일관성

해설 ② 특이성은 자신의 다른 결과와 비교하는 것으로, 5개의 수강 과목 중 4개의 과목에서는 모두 좋은 점수를 받고, 나머지 경영학 과목에서만 시험점수가 좋지 않았다면, 이 결과는 특이성이 높은 것이다.

70 스프라이처(G. Spreitzer, 1995)가 제시한 심리적 임파워먼트의 4가지 차원에 해당하지 않는 것은?

▶ 2025년 공인노무사

① 의미(meaning)
② 유능함(competence)
③ 자기결정(self-determination)
④ 영향력(impact)
⑤ 관계성(relationship)

해설 ⑤ 관계성(relationship)은 임파워먼트의 4가지 차원에 해당하지 않는다.

〈참고〉 임파워먼트의 구성요소
스프라이처(Spreitzer)는 토마스와 벨트하우스의 임파워먼트 연구모형을 바탕으로, 임파워먼트를 내재적 업무 동기부여로 파악하고 아래와 같이 4개의 구성요소로 되어있다고 주장하였다.

1. **의미성**(meaning) : 개인의 과업에 있어서 자신의 일이 조직의 발전 또는 개인의 발전에 중요한 요인으로 작용하고 있다는 구성원들의 자각을 말한다. 즉, 자신의 직무가 자신의 목표와 기준에 비추어 볼 때 <u>중요한 가치를 부여</u>하는 정도라고 할 수 있다. 이러한 자각을 바탕으로 구성원은 모티베이션 되며, 자신의 업무에 있어 자율적인 책임감을 형성하게 된다.
2. **유능함**(competence) : 임파워먼트에서의 <u>성과 또는 목표달성은 모티베이션과 능력</u>으로 이루어지며 구성원의 동기부여 못지않게 능력향상도 중요하다. 특정과업에 대한 <u>자기 효과성</u>을 말하는 것으로 구성원의 능력을 향상시켜야 효율적인 업무처리가 가능하고 다른 요소들과 결합하여 조직의 발전을 이끌어 낼 수 있다.
3. **자기결정**(self determination) : 주어진 업무에서 스스로의 결정에 의해 선택하는 개인의 인식을 의미하는 것으로, <u>자신의 능력에 대한 성과기대</u>로 나타난다. 업무 처리에 있어 사소한 일에도 결정권한이 없다면, 직무만족도는 급격히 하락하며 직무의 수행시간과 의사결정 또한 지체되어서 조직의 경쟁력은 하락한다. 따라서 직무에 대하여 권한이양을 통한 자기결정은 임파워먼트의 중요요소이다.
4. **영향력**(impact) : 개개인의 직무에서 <u>전략적, 행정적, 또는 운영적 결과에 미칠 수 있는 정도</u>를 의미한다. 업무 처리에 대한 자기결정과 함께 책임도 구성원이 갖게 되면, 책임감을 높일 수 있고 보다 자율적인 상황에서 효율적인 업무처리가 가능해진다.

71 상황에 따라 효과적인 리더십 스타일이 변화될 수 있다는 리더십에 대한 상황적 접근법에 해당하지 않는 것은?
▶ 2025년 공인노무사

① 피들러(F. Fiedler)의 리더십이론
② 하우스(R. House)의 경로-목표이론
③ 허시와 블랜차드(P. Hersey & K. Blanchard)의 리더십이론
④ 브룸과 예튼(V. Vroom & P. Yetton)의 리더십 규범모형
⑤ 블레이크와 무튼(R. Blake & J. Mouton)의 관리그리드(managerial grid)이론

해설 ⑤ 블레이크와 무튼(R. Blake & J. Mouton)의 관리그리드(managerial grid)이론은 리더십에 대한 행위론적 접근법이다.

Chapter 04 인적자원관리론

01 핵크맨(J.R. Hackman)과 올드햄(G. Oldham)의 직무특성이론에서 제시된 핵심직무특성이 아닌 것은?

▸ 2010년 공인노무사

① 피드백
② 자율성
③ 기술다양성
④ 과업정체성
⑤ 직무전문성

> **해설** 핵크맨과 올드햄의 직무특성이론에서 제시된 핵심직무특성차원 5가지
> 1) 기술의 다양성
> 2) 과업의 정체성
> 3) 과업의 중요성
> 4) 과업의 자율성
> 5) 결과의 피드백

02 직무를 수행하는데 필요한 기능, 능력, 자격 등 직무수행요건(인적요건)에 초점을 두어 작성한 직무분석의 결과물은?

▸ 2010년 공인노무사

① 직무명세서
② 직무평가
③ 직무표준서
④ 직무기술서
⑤ 직무지침서

> **해설** **오답해설**
> ② 직무평가 : 직무의 높낮이
> ④ 직무기술서 : 직무분석 결과보고서로, 직무의 내용, 요건을 수록

03

상사의 의사결정이나 계획 및 통제의 권한을 위양하여 부하의 재량권과 자율성을 강화하는 직무설계 방식은? ▸ 2010년 공인노무사

① 직무확대 ② 직무세분화

③ 직무충실화 ④ 직무전문화

⑤ 직무특성화

해설 ③ 직무충실화는 수직적 직무확대에 해당한다.

오답해설
① 직무확대는 수평적 직무확대에 해당한다.

04

임금수준 결정의 기업 내적 요소가 아닌 것은? ▸ 2010년 공인노무사

① 기업규모 ② 경영전략

③ 노동조합 ④ 생계비

⑤ 지불능력

해설 ④ 생계비나 최저임금은 임금수준 결정의 하한선으로, 상한선 결정을 위한 기업 내적 요소가 아니다.

05

조직 내 직무 간의 상대적 가치를 평가하는 직무평가 요소가 아닌 것은? ▸ 2011년 공인노무사

① 지식 ② 숙련

③ 경험 ④ 노력

⑤ 성과

해설 ⑤ 직무평가는 직무 간의 상대적 가치를 평가하는 것으로 사람과는 관련이 없는데, 성과는 사람과 관련이 있다.

정답 01 ⑤ 02 ① 03 ③ 04 ④ 05 ⑤

06 인사고과 시 평가자에게 흔히 나타나는 고과상의 오류로 옳지 않은 것은? ▸2011년 공인노무사

① 후광효과(halo effect)

② 서열화 경향(ranking tendency)

③ 관대화 경향(leniency tendency)

④ 논리적 오류(logical errors)

⑤ 최근효과(recency effect)

> **해설** ③ 관대화 경향(leniency tendency) : 여러 사람을 모두 높게 평가하는 오류
> ④ 논리적 오류(logical errors) : 한쪽이 우수하면 다른 쪽도 우수하다고 평가하는 오류

07 근로자의 직무수행 능력을 기준으로 임금을 결정하는 임금체계는? ▸2011년 공인노무사

① 직무급   ② 연공급

③ 직능급   ④ 업적급

⑤ 성과급

> **해설** ③ 직능급은 연공급과 직무급을 절충한 형태로 근로자의 직무수행 능력을 기준으로 임금을 결정하는 임금체계이다.

08 근로자의 임금 지급 시 조합원의 노동조합비를 일괄하여 징수하는 제도는?

▸2011년 공인노무사

① 유니온 숍(union shop)

② 오픈 숍(open shop)

③ 클로즈드 숍(closed shop)

④ 체크오프 시스템(check-off system)

⑤ 에이전시 숍(agency shop)

> **해설** **오답해설**
> ⑤ 에이전시 숍(agency shop) : 조합원 아닌 자에게도 조합비를 징수하는 제도

09 인사고과에 관한 설명으로 옳지 않은 것은? ▸ 2012년 공인노무사

① 인사고과란 종업원의 능력과 업적을 평가하여 그가 보유하고 있는 현재적 및 잠재적 유용성을 조직적으로 파악하는 방법이다.
② 인사고과의 수용성은 종업원이 인사고과 결과가 정당하다고 느끼는 정도이다.
③ 인사고과의 타당성은 고과내용이 고과목적을 얼마나 잘 반영하고 있느냐에 관한 것이다.
④ 현혹효과(halo effect)는 피고과자의 어느 한 면을 기준으로 다른 것까지 함께 평가하는 경향을 말한다.
⑤ 대비오차(contrast errors)는 피고과자의 능력을 실제보다 높게 평가하는 경향을 말한다.

해설 ⑤ 대비오차(contrast errors)는 피고과자의 능력을 평가자 자신과 비교하여 실제보다 높거나 낮게 평가하는 경향이다.

〈참고〉
인사고과는 수용성, 타당성 및 신뢰성, 실용성이 고려되어야 한다.

10 직무분석에 관한 설명으로 옳지 않은 것은? ▸ 2012년 공인노무사

① 직무분석은 직무와 관련된 정보를 수집·정리하는 활동이다.
② 직무분석을 통해 얻어진 정보는 전반적인 인적자원관리 활동의 기초자료로 활용된다.
③ 직무분석을 통해 직무기술서와 직무명세서가 작성된다.
④ 직무기술서는 직무를 수행하는 데 필요한 인적요건을 중심으로 작성된다.
⑤ 직무평가는 직무분석을 기초로 이루어진다.

해설 ④ 직무명세서는 직무를 수행하는 데 필요한 인적요건을 중심으로 작성된다.

11 생산제품의 판매가치와 인건비와의 관계에서 배분액을 계산하는 집단성과급제는?
 ▸ 2012년 공인노무사

① 순응임금제 ② 물가연동제
③ 스캔론 플랜 ④ 럭커 플랜
⑤ 시간급

해설 오답해설
④ 럭커 플랜은 부가가치를 기준으로 배분액을 계산하는 집단성과급제이다.

정답 06 ② 07 ③ 08 ④ 09 ⑤ 10 ④ 11 ③

12 임금에 관한 설명으로 옳지 않은 것은?

▶ 2012년 공인노무사

① 직무급은 직무를 평가하여 상대적인 가치에 따라 임금수준을 결정한다.

② 직능급은 종업원의 직무수행능력을 기준으로 임금수준을 결정한다.

③ 메릭식 복률성과급은 임률의 종류를 두 가지로 정하고 있다.

④ 할증급은 종업원에게 작업한 시간에 대하여 성과가 낮다 하더라도 일정한 임금을 보장한다.

⑤ 연공급은 종업원의 근속연수와 학력 등을 기준으로 임금수준을 결정한다.

해설 ③ 메릭식 복률성과급은 임률의 종류를 세 가지로 정하고 있다.

13 OJT(On the Job Training)에 해당하는 것은?

▶ 2013년 공인노무사

① 세미나　　　　　　　　　② 사례연구
③ 도제식 훈련　　　　　　　④ 시뮬레이션
⑤ 역할연기법

해설　**오답해설**

① 세미나, ② 사례연구, ④ 시뮬레이션, ⑤ 역할연기법은 경영자 훈련기법이다.

14 단위당 소요되는 표준작업시간과 실제작업시간을 비교하여 절약된 작업시간에 대한 생산성 이득을 노사가 각각 50 : 50의 비율로 배분하는 임금제도는?

▶ 2013년 공인노무사

① 임프로쉐어 플랜　　　　　② 스캔론 플랜
③ 럭커 플랜　　　　　　　　④ 메리크식 복률성과급
⑤ 테일러식 차별성과급

해설　**오답해설**

② 스캔론 플랜, ③ 럭커 플랜은 노무비 절감액을 분배하는 제도이다.

15 산업별 노동조합이 개별기업 사용자와 개별적으로 행하는 경우의 단체교섭 방식은?

▸ 2013년 공인노무사

① 통일교섭

② 공동교섭

③ 집단교섭

④ 대각선교섭

⑤ 기업별 교섭

해설 ④ 대각선 교섭 : 상부단체 또는 산업별 노조가 단독으로 개개의 사용자와 직접 교섭하는 방식

오답해설

① **통일교섭** : 노동조합이 명실상부하게 산업별 또는 직종별로 조직되어 있어서 노동시장을 전국적으로 또는 지역적으로 지배하고 있는 경우에 전국에 걸친 산업별 노조 또는 하부단위 노조로부터 교섭권을 위임받아 연합체 노조와 이에 대응하는 산업별, 혹은 지역별 사용자단체 간의 단체교섭

② **공동교섭** : 수개의 기업별 노조가 그 대표자를 선정하거나 연명으로 또는 산업별 노조와 공동으로 사용자단체와 교섭을 하는 방식

③ **집단교섭** : 상부단체 또는 산업별 노조의 통제하에 수개의 기업별 노조와 각 기업 간의 교섭을 동일 장소에서 동시에 행하는 교섭형태

⑤ **기업별 교섭** : 특정 기업에 소속된 종업원의 근로조건 기타의 사항에 관하여 기업별 노조와 그 상대방인 사용자와의 사이에 개별기업 또는 사업장을 단위로 하여 행하는 단체교섭

16 인사평가 측정결과의 검증기준 중 '직무성과와 관련성이 있는 내용을 측정하는 정도'를 의미하는 것은?

▸ 2013년 공인노무사

① 신뢰성

② 수용성

③ 타당성

④ 구체성

⑤ 실용성

해설 ③ 타당성은 정확성, 목적적합성 등으로 표현되기도 하며, 측정 점수의 크기(의미)를 나타내는 정도이다.

17 인사고과에서 평가문항의 발생빈도를 근거로 피고과자를 평가하는 방법은? ▸ 2013년 공인노무사

① 직접서열법

② 행위관찰평가법

③ 분류법

④ 요인비교법

⑤ 쌍대비교법

정답 12 ③ 13 ③ 14 ① 15 ④ 16 ③ 17 ②

> **해설** 행위기준고과법(BARS, Behaviorally Anchored Rating Scales)
> 1) 행동기대평가(BES, Behaviorally Expectation rating Scales) : 우수, 평균, 평균 이하
> 2) 행동관찰평가(BOS, Behaviorally Observation rating Scales) : 발생빈도를 근거로 피고과자를 평가

18 조직구성원들의 경영참여와 관련이 없는 것은?

▶ 2014년 공인노무사

① 분임조
② 제안제도
③ 성과배분제도
④ 종업원지주제도
⑤ 전문경영인제도

> **해설** ⑤ 전문경영인제도는 소유와 경영의 분리하에서 외부 경영진의 전문성을 활용하려는 대리인 제도를 의미한다.

19 복리후생에 관한 설명으로 옳지 않은 것은?

▶ 2014년 공인노무사

① 구성원의 직무만족 및 기업공동체의식 제고를 위해서 임금 이외에 추가적으로 제공하는 보상이다.
② 의무와 자율, 관리복잡성 등의 특성이 있다.
③ 통근차량 지원, 식당 및 탁아소 운영, 체육시설 운영 등의 법정복리후생이 있다.
④ 경제적 · 사회적 · 정치적 · 윤리적 이유가 있다.
⑤ 합리성, 적정성, 협력성, 공개성 등의 관리원칙이 있다.

> **해설** ③ 법정복리후생에는 건강보험, 국민연금, 고용보험, 산재보험 등의 4대 보험과 퇴직급여 등이 있다.

20 분배적 교섭의 특성에 해당되는 것은?

▶ 2014년 공인노무사

① 나도 이기고 상대도 이긴다.
② 장기적 관계를 형성한다.
③ 정보공유를 통해 각 당사자의 관심을 충족시킨다.
④ 당사자 사이의 이해관계보다 각 당사자의 입장에 초점을 맞춘다.
⑤ 양 당사자 모두 만족할 만큼 파이를 확대한다.

> **해설** ④는 분배적 교섭의 특성에 해당하고, 나머지는 통합적 교섭의 특성에 해당한다.

21 샤인(Schein)이 제시한 경력 닻의 내용으로 옳지 않은 것은? ▸ 2014년 공인노무사

① 전문역량 닻 – 일의 실제 내용에 주된 관심이 있으며 전문분야에 종사하기를 원한다.

② 관리역량 닻 – 특정 전문영역보다 관리직에 주된 관심이 있다.

③ 자율성·독립 닻 – 조직의 규칙과 제약조건에서 벗어나려는데 주된 관심이 있으며 스스로 결정할 수 있는 경력을 선호한다.

④ 도전 닻 – 해결하기 어려운 문제나 극복 곤란한 장애를 해결하는 데 주된 관심이 있다.

⑤ 기업가 닻 – 타인을 돕는 직업에서 일함으로써 타인의 삶을 향상시키고 사회를 위해 봉사하는데 주된 관심이 있다.

> **해설** ⑤ 서비스/봉사 닻 – 타인을 돕는 직업에서 일함으로써 타인의 삶을 향상시키고 사회를 위해 봉사하는데 주된 관심이 있다.
>
> 〈참조〉 샤인(Edgar H. Shine)의 8가지 경력 닻(Career Anchor)
> 1) **기술적/기능적 역량**(Technical/Functional Competence) : 자신의 스킬을 업무 분야에 적용할 기회를 중요하게 생각하는 사람에게 해당
> 2) **관리자 역량**(General/Managerial Competence) : 조직을 관리하는 높은 수준의 역할을 부여받기(승진, 승격 등)를 원하는 사람에게 해당
> 3) **자율/독립**(Autonomy/Independence) : 자율/독립성을 침해받지 않으면서 내 스타일대로 일할 환경을 중요하게 여기는 사람에게 해당
> 4) **안전/안정**(Security/Stability) : 장기적인 고용관계와 좋은 복지제도에 매력을 느낌
> 5) **사업가적 창의성**(Entrepreneurial Creativity) : 자율성과 관리자로서의 위치, 부의 축적도 중요하게 여기지만 그보다 자신이 무언가를 만들어 낼 수 있는 기회를 중요시 여기는 사람에게 해당
> 6) **서비스/봉사**(Service/Dedication to a Cause) : 서비스업종, 목사, 사회사업가 등 자신이 중요하게 생각하는 가치가 실현되는 직업을 원하는 사람에게 해당(예 유니세프, 월드비전)
> 7) **순수한 도전**(Pure Challenge) : 다른 사람들과의 경쟁, 새로운 것에 도전하여 성취해 가는 과정 등 도전 그 자체를 원하는 사람에게 해당
> 8) **라이프스타일**(Life Style) : 요즘 말로 표현하자면 '워라밸(Work & Life Balance)' 쯤으로 표현되는, 자신의 가족과 조직 그리고 필요 목적. 이 세 가지가 잘 조화되기를 원하는 사람에게 해당

22 임금관리에 관한 설명으로 옳지 않은 것은? ▸ 2015년 공인노무사

① 임금체계는 공정성이 중요한 관심사이다.

② 연공급은 근속연수를 기준으로 임금을 차등화하는 제도이다.

③ 직무급은 직무의 표준화와 전문화가 선행되어야 한다.

④ 직능급은 동일 직무를 수행하면 동일 임금을 지급한다.

⑤ 임금수준을 결정하는 주요 요인에는 기업의 지불능력과 생산성 등이 있다.

정답 18 ⑤　19 ③　20 ④　21 ⑤　22 ④

해설 ④ 직능급은 연공급과 직무급을 절충한 형태이므로 동일 직무라도 사람에 따라 임금이 달라진다. 동일 직무를 수행하면 동일 임금을 지급하는 것은 직무급이다.

23

선발시험 합격자들의 시험성적과 입사 후 일정 기간이 지나서 이들이 달성한 직무성과와의 상관관계를 측정하는 지표는?　　　　　　　　　　　▸ 2015년 공인노무사

① 신뢰도　　　　　　　　　　　　　② 대비효과
③ 현재타당도　　　　　　　　　　　④ 내용타당도
⑤ 예측타당도

해설　오답해설

③ 현재타당도(동시타당도) : 현재 시험 응시자들의 시험성적과 현재 이들이 달성한 직무성과와의 상관관계를 측정하는 지표
④ 내용타당도 : 검사 측정 목적에 맞고 적합한 내용을 측정하는가의 정도, 즉 알고자 하는 내용을 잘 나타내고 있는가를 측정하는 지표

24

조합원 및 비조합원 모두에게 조합비를 징수하는 shop제도는?　　　　▸ 2015년 공인노무사

① open shop　　　　　　　　　　② closed shop
③ agency shop　　　　　　　　　④ preferential shop
⑤ maintenance shop

해설　오답해설

④ preferential shop : 채용 시 조합원에게 우선권을 주는 제도
⑤ maintenance shop : 조합원이 되면 일정기간 조합원으로 머물러야 하는 제도

25

임금수준의 관리에 관한 설명으로 옳지 않은 것은?　　　　　　　▸ 2016년 공인노무사

① 대외적 공정성을 확보하기 위해서는 노동시장의 임금수준 파악이 필요하다.
② 기업의 임금 지불능력을 파악하는 기준으로 생산성과 수익성을 들 수 있다.
③ 임금수준 결정 시 선도전략은 유능한 종업원을 유인하는 효과가 크다.
④ 임금수준의 관리는 적정성의 원칙을 지향한다.
⑤ 임금수준의 하한선은 기업의 지불능력에 의하여 결정된다.

해설 ⑤ 기업의 지불능력은 임금수준의 상한선이다.

26 다음 설명에 해당하는 인사평가기법은?

▶ 2016년 공인노무사

> 평가자가 피평가자의 일상 작업생활에 대한 관찰 등을 통해 특별히 효과적이거나 비효과
> 적인 행동, 업적 등을 기록하고 이를 평가시점에 정리하여 평가하는 기법

① 서열법
② 평정척도법
③ 체크리스트법
④ 중요사건기술법
⑤ 강제선택서술법

해설 **오답해설**
  ③ 체크리스트법 : 고과내용이 되는 피고과자의 능력(잠재능력), 태도, 작업행동, 성과 등에 관련되
    는 표준행동들을 제시하고 고과자가 해당 서술문을 체크하여 평가
  ⑤ 강제선택서술법 : 쌍으로 된 평가항목의 서술문을 평가자에게 제시하고 평가자가 두 개의 서술
    문 중 반드시 한 곳에만 체크하게 하는 기법

27 다음 설명에 해당하는 것은?

▶ 2016년 공인노무사

> **전환배치 시 해당 종업원의 '능력(적성) = 직무 = 시간'이라는 세 가지 측면**을 모두 고려하
> 여 이들 간의 적합성을 극대화시켜야 된다는 원칙

① 연공주의
② 균형주의
③ 상향이동주의
④ 연계육성주의
⑤ 적재적소적시주의

해설 ⑤ 문제의 박스에서 '전환배치'라는 단어와 '적합성'이란 단어를 키워드로 찾아 풀면 된다.

정답   23 ⑤   24 ③   25 ⑤   26 ④   27 ⑤

28 인간관계론에 해당하는 내용은?

① 기획업무와 집행업무를 분리시킴으로써 계획과 통제의 개념 확립
② 시간 및 동작 연구를 통하여 표준 과업량 설정
③ 자연발생적으로 형성된 비공식 조직의 존재 인식
④ 과업에 적합한 근로자 선발 및 교육훈련 방법 고안
⑤ 전문기능별 책임자가 작업에 대한 분업적 지도 수행

해설 ③은 인간관계론에 해당하는 내용이고, 나머지는 테일러의 차별성과급제에 대한 설명이다.

29 직무기술서에 포함되는 사항이 아닌 것은?

① 요구되는 지식　　　　　② 작업 조건
③ 직무수행의 절차　　　　④ 수행되는 과업
⑤ 직무수행의 방법

해설 ① 요구되는 지식은 직무명세서에 포함된다.

30 다음 설명에 해당하는 직무설계는?

> • 직무성과가 경제적 보상보다는 개인의 심리적 만족에 있다고 전제한다.
> • 종업원에게 직무의 정체성과 중요성을 높여주고 일의 보람과 성취감을 느끼게 한다.
> • 종업원에게 많은 자율성과 책임을 부여하여 직무경험의 기회를 제공한다.

① 직무 순환　　　　　② 직무 전문화
③ 직무 특성화　　　　④ 수평적 직무확대
⑤ 직무 충실화

해설 ⑤ 수직적 확대를 통해 종업원에게 많은 자율성과 책임을 부여하려는 직무설계는 직무 충실화이다.

31 질적 인력수요 예측기법에 해당하지 않는 것은?

① 브레인스토밍법　　　　② 명목집단법
③ 시나리오 기법　　　　　④ 자격요건 분석법
⑤ 노동과학적 기법

해설 ⑤ 노동과학적 기법은 양적 인력수요 예측기법으로, 작업시간 연구를 기초로 조직의 하위 개별 작업장별로 필요한 인력을 산출하는 기법으로 주로 생산직종의 인력수요를 예측하는데 활용된다.

오답해설
③ 시나리오 기법은 ① 브레인스토밍법과 ② 명목집단법을 섞은 개념이다.
④ 자격요건 분석법 : 직무기술서와 직무명세서

32 종업원 선발을 위한 면접에 관한 설명으로 옳은 것은?
▶ 2017년 공인노무사

① 비구조화 면접은 표준화된 질문지를 사용한다.
② 집단 면접의 경우 맥락효과(context effect)가 발생할 수 있다.
③ 면접의 신뢰성과 타당성을 높이기 위해 면접내용 개발 단계에서 면접관이나 경영진을 배제한다.
④ 위원회 면접은 한 명의 면접자가 여러 명의 피면접자를 평가하는 방식이다.
⑤ 스트레스 면접은 여러 시기에 걸쳐 여러 사람이 면접하는 방식이다.

해설 ② 맥락효과(context effect)란 처음 알게 된 정보가 나중에 알게 된 새 정보의 지침이 되거나 전반적인 맥락을 제공하는 것을 말한다.

오답해설
① 구조화 면접은 표준화된 질문지를 사용한다.
③ 면접의 신뢰성과 타당성을 높이기 위해 면접내용 개발 단계에서 면접관이나 경영진을 포함한다.
④ 위원회 면접은 여러 명의 면접자가 한 명의 피면접자를 평가하는 방식이다.

33 노사관계에 관한 설명으로 옳지 않은 것은?
▶ 2017년 공인노무사

① 좁은 의미의 노사관계는 집단적 노사관계를 의미한다.
② 메인트넌스 숍(maintenance shop)은 조합원이 아닌 종업원에게도 노동조합비를 징수하는 제도이다.
③ 우리나라 노동조합의 조직형태는 기업별 노조가 대부분이다.
④ 사용자는 노동조합의 파업에 대응하여 직장을 폐쇄할 수 있다.
⑤ 채용 이후 자동적으로 노동조합에 가입하는 제도는 유니온 숍(union shop)이다.

해설 ② 조합원이 아닌 종업원에게도 노동조합비를 징수하는 제도는 에이전시 숍(agency shop)이다. 메인트넌스 숍(maintenance shop)은 조합원이 되면 일정기간 조합원으로 머물러야 하는 제도이다.

정답 28 ③ 29 ① 30 ⑤ 31 ⑤ 32 ② 33 ②

34 평가센터법(assessment center)에 관한 설명으로 옳지 않은 것은? ▸ 2018년 공인노무사

① 평가에 대한 신뢰성이 양호하다.
② 승진에 대한 의사결정에 유용하다.
③ 교육훈련에 대한 타당성이 높다.
④ 평가센터에 초대받지 못한 종업원의 심리적 저항이 예상된다.
⑤ 다른 평가기법에 비해 상대적으로 비용과 시간이 적게 소요된다.

해설 ⑤ 다른 평가기법에 비해 상대적으로 비용과 시간이 많이 소요된다.

35 최저임금제의 필요성으로 옳지 않은 것은? ▸ 2018년 공인노무사

① 계약자유 원칙의 한계 보완
② 저임금 노동자 보호
③ 임금인하 경쟁 방지
④ 유효수요 창출
⑤ 소비자 부담 완화

해설 ⑤ 소비자 부담 완화는 최저임금제의 필요성으로 옳지 않다.

〈참고〉
④ 유효수요 창출이란 소비자의 소득을 높여, 수요를 증대하고 경기를 활성화하려는 경제정책이다.

36 인사평가방법 중 피평가자의 능력, 태도, 작업, 성과 등에 관련된 표준행동들을 제시하고 평가자가 해당 서술문을 대조하여 평가하는 방법은? ▸ 2018년 공인노무사

① 서열법 ② 평정척도법
③ 체크리스트법 ④ 중요사건기술법
⑤ 목표관리법

해설 ③ 인사평가방법 중 피평가자의 능력, 태도, 작업, 성과 등에 관련된 표준행동들을 제시하고 평가자가 해당 서술문을 대조하여 평가하는 방법은 대조표고과법(체크리스트법)이다.

37 교육훈련 필요성을 파악하기 위한 일반적인 분석방법이 아닌 것은? ▸ 2018년 공인노무사

① 전문가자문법 　　　　　　　　② 역할연기법
③ 자료조사법 　　　　　　　　　④ 면접법
⑤ 델파이기법

해설 ② 역할연기법은 경영자훈련 기법이다.

38 다음에서 설명하는 것은? ▸ 2018년 공인노무사

> • 기업이 주어진 인건비로 평시보다 더 많은 부가가치를 창출하였을 경우, 이 초과된 부가
> 가치를 노사협동의 산물로 보고 기업과 종업원 간에 배분하는 제도
> • 노무비 외 원재료비 및 기타 비용의 절감액도 인센티브 산정에 반영함

① 연봉제 　　　　　　　　　　　② 개인성과급제
③ 임금피크제 　　　　　　　　　④ 럭커 플랜
⑤ 스캔론 플랜

해설 ④ 기업이 주어진 인건비(즉, 노무비)로 평시보다 더 많은 부가가치를 창출(또는 노무비를 절감)하였
을 경우, 초과된 부가가치를 노사협동의 산물로 보고 기업과 종업원 간에 배분하는 제도는 럭커
플랜이다. 럭커 플랜은 일반적으로 노무비 절감액을 분배하는 제도인데, 노무비 외에 원재료비
및 기타 비용의 절감액도 인센티브 산정에 반영할 수도 있음을 주의해야 한다.

39 직무급의 특징에 관한 설명으로 옳지 않은 것은? ▸ 2019년 공인노무사

① 직무의 상대적 가치에 따라 개별임금이 결정된다.
② 능력주의 인사풍토 조성에 유리하다.
③ 인건비의 효율성이 증대된다.
④ 동일노동 동일임금 실현이 가능해진다.
⑤ 시행 절차가 간단하고 적용이 용이하다.

해설 ⑤ 직무급은 직무의 상대적 가치에 따라 개별임금이 결정된다. 직무의 높낮이를 파악하기 위한 직무
평가가 공정하지 않으면 종업원들의 불만이 초래된다. 공정하고 철저한 직무평가 시행을 위한
절차는 복잡하고 적용이 어렵다.

정답　34 ⑤　35 ⑤　36 ③　37 ②　38 ④　39 ⑤

40 노동조합의 조직형태에 관한 설명으로 옳지 않은 것은? ▸2019년 공인노무사

① 직종별 노동조합은 동종 근로자 집단으로 조직되어 단결이 강화되고 단체교섭과 임금협상이 용이하다.
② 일반노동조합은 숙련근로자들의 최저생활조건을 확보하기 위한 조직으로 초기에 발달한 형태이다.
③ 기업별 노동조합은 조합원들이 동일기업에 종사하고 있으므로 근로조건을 획일적으로 적용하기가 용이하다.
④ 산업별 노동조합은 기업과 직종을 초월한 거대한 조직으로서 정책활동 등에 의해 압력단체로서의 지위를 가진다.
⑤ 연합체 조직은 각 지역이나 기업 또는 직종별 단위조합이 단체의 자격으로 지역적 내지 전국적 조직의 구성원이 되는 형태이다.

> **해설** ② 일반노동조합은 중소기업에 속한 미숙련근로자들이 최저생활조건을 확보하기 위하여 지역적으로 근접한 기업의 노동자들과 결성하는 형태이다. 초기에 발달한 형태는 직업별 노조이다.

41 모집방법 중 사내공모제(job posting system)의 특징에 관한 설명으로 옳지 않은 것은? ▸2019년 공인노무사

① 종업원의 상위직급 승진 기회가 제한된다.
② 외부 인력의 영입이 차단되어 조직이 정체될 가능성이 있다.
③ 지원자의 소속부서 상사와의 인간관계가 훼손될 수 있다.
④ 특정부서의 선발 시 연고주의를 고집할 경우 조직 내 파벌이 조성될 수 있다.
⑤ 선발과정에서 여러 번 탈락되었을 때 지원자의 심리적 위축감이 고조된다.

> **해설** ① 종업원의 상위직급 승진 기회가 제공된다.

42 인사고과의 오류 중 피고과자가 속한 사회적 집단에 대한 평가에 기초하여 판단하는 것은? ▸2019년 공인노무사

① 상동적 오류(stereotyping errors) ② 논리적 오류(logical errors)
③ 대비오류(contrast errors) ④ 근접오류(proximity errors)
⑤ 후광효과(halo effect)

해설 오답해설

② 논리적 오류(logical errors) : 평가요소 간 논리적 상관관계가 있는 경우, 어떤 한 요소가 우수하면 다른 요소도 우수하다고 속단하는 오류

④ 근접오류(proximity errors) : 시간적, 지리적으로 근접해 있는 대상을 실제보다도 더 가깝게 보는 오류

43 사용자가 노동조합의 정당한 활동을 방해하는 것은?

▸ 2020년 공인노무사

① 태업
② 단체교섭
③ 부당노동행위
④ 노동쟁의
⑤ 준법투쟁

해설 ③ 사용자가 노동조합의 정당한 활동을 방해하는 것은 부당노동행위이며, 노조를 대상으로 하는 부당노동행위로는 단체교섭 거부와 지배, 개입, 자금원조 등이 있다.

44 전통적 직무설계와 관련 없는 것은?

▸ 2021년 공인노무사

① 분업
② 과학적 관리
③ 전문화
④ 표준화
⑤ 직무순환

해설 ⑤ 직무순환은 현대적 직무설계이다.

45 인사평가의 분배적 오류에 해당하는 것은?

▸ 2021년 공인노무사

① 후광효과
② 상동적 태도
③ 관대화 경향
④ 대비오류
⑤ 확증편향

해설 ③ 분배적 오류(distributional error)는 평가자가 다수의 피평가자들에게 점수를 부여할 때 점수의 분포가 특정방향으로 쏠리는 현상을 말한다. 분배적 오류에는 관대화 경향(Leniency tendency), 중심화 경향(Central tendency) 등이 있으며, 강제할당법을 통해 관대화 경향과 중심화 경향을 방지할 수 있다.

정답 ▸ 40 ② 41 ① 42 ① 43 ③ 44 ⑤ 45 ③

46
교육참가자들이 소규모 집단을 구성하여 팀워크로 경영상의 실제 문제를 해결하도록 하여 문제해결과정에 대한 성찰을 통해 학습하게 하는 교육방식은? ▸ 2021년 공인노무사

① team learning
② organizational learning
③ problem based learning
④ blended learning
⑤ action learning

해설 오답해설

② organizational learning : 조직학습, 학습조직
③ problem based learning : 복잡하고 비정형적인 문제를 바탕으로 학습
  문제 중심 학습 또는 문제 기반 학습은 제시된 실제적인 문제를 학습자들이 해결하는 과정에서 학습이 이루어지는 학생 중심의 학습 환경이자 모형이다.
④ blended learning : 온라인, 오프라인 혼합형 학습

47
직무특성모형(job characteristics model)의 핵심직무특성차원에 포함되지 않는 것은? ▸ 2021년 공인노무사

① 성장욕구 강도(growth need strength)
② 과업정체성(task identity)
③ 과업중요성(task significance)
④ 자율성(autonomy)
⑤ 피드백(feedback)

해설 핵크맨과 올드햄의 직무특성이론에서 제시된 핵심직무특성차원 5가지
  1) 기술의 다양성
  2) 과업의 정체성
  3) 과업의 중요성
  4) 과업의 자율성
  5) 결과의 피드백

48 직무스트레스에 관한 설명으로 옳지 않은 것은?

▶ 2022년 공인노무사

① 직무스트레스의 잠재적 원인으로는 환경요인, 조직적 요인, 개인적 요인이 존재한다.
② 직무스트레스 원인과 경험된 스트레스 간에 조정변수가 존재한다.
③ 사회적 지지는 직무스트레스의 조정변수이다.
④ 직무스트레스 결과로는 생리적 증상, 심리적 증상, 행동적 증상이 있다.
⑤ 직무스트레스와 직무성과 간의 관계는 U자형으로 나타난다.

해설

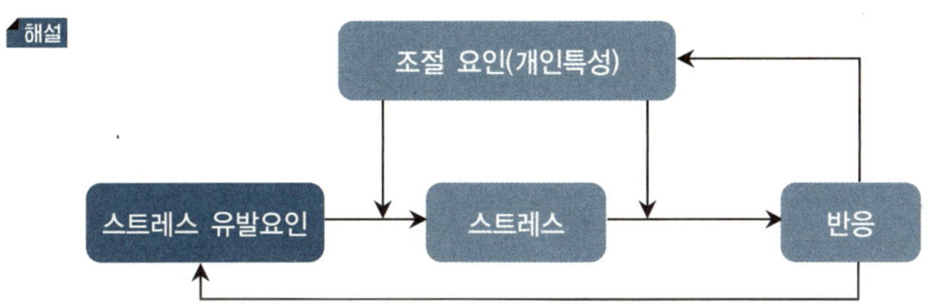

〈참고〉 직무스트레스(job stress)

직무스트레스는 직무요구와 개인의 업무능력 사이의 불균형에서 발생하는 심리적인 반응으로, 직무와 관련하여 구성원이 느끼는 압박감, 불안감으로 정의된다(Hunter & Thatcher, 2007; Lazarus & Folkman, 1984).

직무스트레스는 구성원의 정상적인 심리 및 생리적 기능으로부터의 이탈을 야기함으로써 개인 및 조직성과에 부정적인 영향 또는 적어도 역U자형 관계를 갖는 것으로 보고되고 있다(Anderson, 1976). 예를 들어, 직무스트레스는 개인 차원에서 우울증, 불안감, 사기저하 등의 심리적 증상과 두통, 혈압상승, 심장발작 등의 신체적 증상을 유발할 뿐만 아니라 조직효과성 측면에서 근로의욕 감소, 생산성 저하 등의 결과를 초래하는 것으로 나타났다(Parker & Decotiis, 1983).

흔히 조직구조가 재편되고 구성원의 역할이 달라지기도 하는 기업조직의 변화는 구성원의 직무스트레스에 직접적인 영향을 미칠 것으로 예상된다(Vakola & Nokolaou, 2005). 일반적으로 직무스트레스는 업무를 둘러싼 환경과 밀접한 연관 속에 유발된다(Beehr & Newman, 1978; Caplan, 1983). 우선 변화과정에 적응하려는 구성원들의 노력 자체가 적지 않은 스트레스를 유발할 것이며(Grant, 1996), 조직변화로 인한 직무환경의 변화, 즉 고용조정, 업무재배치, 재량권축소, 그리고 미래에 대한 불확실성으로 인해 야기된 변화에 대한 저항 역시 직무스트레스를 높이게 될 것이다(Jamal, 1984; Schweiger & Densi, 1991).

직무스트레스의 선행요인에 관한 Karasek(1979)의 직무요구통제모형(Job demand–control model)에 따르면, 직무스트레스는 높은 수준의 직무요구만이 아니라 낮은 재량권 영역에서 발생할 수 있다. 예를 들어, 가장 극단적인 조직변화로 볼 수 있는 기업의 인수와 합병과정의 경우, 구성원의 고용상태를 변화시킬 수 있으며 책임범위, 수행역할 등이 종종 달라져 높은 직무를 요구받거나 반대로 낮은 재량권을 경험할 수 있다. 이러한 직무변화는 구성원들의 저항을 수반하여 직무스트레스를 높이는 결정적 요인이 된다(Callan, 1993). 특히, 환경변화나 외부에 의해 불가피한 상황에서 발생한 조직변화는 구성원들의 업무선택의 자유를 제한하고 더 많은 직무를 요구할 가능성이 높다. 즉, <u>조직변화의 과정에서 구성원이 재량권축소, 고용조정, 동료와의 경쟁심화 등을 경험하게 되면</u> **변화에 대한 저항**이 높아지고, 이로 인해 직무스트레스가 유발될 수 있다. 반대로, 구성원이 변화에 대한 저항이 낮을

정답   46 ⑤   47 ①   48 ⑤

수록 변화를 부정적으로 인지하기보다 새로운 환경에 대해 능동적으로 적응하려고 할 것이므로 그렇지 않은 구성원에 비해 직무스트레스가 낮을 것이다.

최근 직무스트레스에 대한 국·내외 연구 역시 직무스트레스의 선행요인(예 직무·역할, 대인관계, 개인성격 등)이나 결과변수(예 직무만족, 조직몰입, 이직, 조직시민행동)를 단편적으로 고찰하는데 그치지 않고 직무스트레스의 매개적 역할을 강조하고 있다(문형구, 최병권, 고욱, 2010; Chen, Lin, & Lien, 2011). 예를 들어, 능력 이상의 직무나 역할갈등 등으로 인한 구성원의 직무스트레스가 그 결과로 직무만족을 낮추거나 이직의도를 높이게 되는 과정 등을 통해, 직무스트레스가 어떻게 형성되고 어떤 결과를 초래하는지를 보다 종합적으로 이해하려는 노력이 이루어지고 있다(Chen et al. 2011).

49 직무분석에 관한 설명으로 옳은 것은?

▶ 2022년 공인노무사

① 직무의 내용을 체계적으로 정리하여 직무명세서를 작성한다.
② 직무수행자에게 요구되는 자격요건을 정리하여 직무기술서를 작성한다.
③ 직무분석과 인력확보를 연계하는 것은 타당하지 않다.
④ 직무분석은 작업장의 안전사고 예방에 도움이 된다.
⑤ 직무분석은 직무평가 결과를 토대로 실시한다.

해설 **오답해설**

① 직무의 내용을 체계적으로 정리하여 직무기술서를 작성한다.
② 직무수행자에게 요구되는 자격요건을 정리하여 직무명세서를 작성한다.
③ 직무분석과 인력확보를 연계하는 것은 타당하다.
⑤ 직무평가는 직무분석 결과를 토대로 실시한다.

50 스캔론 플랜(Scanlon Plan)에 관한 설명으로 옳지 않은 것은?

▶ 2022년 공인노무사

① 기업이 창출한 부가가치를 기준으로 성과급을 산정한다.
② 집단성과급제도이다.
③ 생산제품의 판매가치와 인건비의 관계에서 배분액을 결정한다.
④ 실제인건비가 표준인건비보다 적을 때 그 차액을 보너스로 배분한다.
⑤ 산출된 보너스액 중 일정액을 적립한 후 종업원분과 회사분으로 배분한다.

해설 ① 외 나머지 설명은 스캔론 플랜과 럭커 플랜의 공통적인 특징에 해당한다.

오답해설

① 기업이 창출한 부가가치를 기준으로 성과급을 산정하는 것은 럭커 플랜이다.

51 직무특성모형에서 중요심리상태의 하나인 의미충만(meaningfulness)에 영향을 미치는 핵심직무차원을 모두 고른 것은? ▸2023년 공인노무사

> ㄱ. 기술다양성   ㄴ. 과업정체성   ㄷ. 과업중요성   ㄹ. 자율성   ㅁ. 피드백

① ㄱ, ㄴ, ㄷ 　　　　② ㄱ, ㄴ, ㅁ
③ ㄱ, ㄹ, ㅁ 　　　　④ ㄴ, ㄷ, ㄹ
⑤ ㄷ, ㄹ, ㅁ

해설 **오답해설**
ㄹ. 자율성 : 책임감에 영향
ㅁ. 피드백 : 지식에 영향

52 다음 특성에 부합하는 직무평가 방법으로 옳은 것은? ▸2024년 공인노무사

> • 비계량적 평가
> • 직무 전체를 포괄적으로 평가
> • 직무와 직무를 상호 비교하여 평가

① 서열법 　　　　② 등급법
③ 점수법 　　　　④ 분류법
⑤ 요소비교법

해설 ① 서열법은 비계량적이고, 직무와 직무의 비교에 의한 직무평가 방법이다.

오답해설
② 등급법은 인사고과 방법이다.

53 기업이 종업원에게 지급하는 임금의 계산 및 지불 방법에 해당하는 것은? ▸2024년 공인노무사
① 임금수준 　　　　② 임금체계
③ 임금형태 　　　　④ 임금구조
⑤ 임금결정

해설 ③ 임금형태는 임금의 산정 방법에 해당한다.

정답 49 ④ 50 ① 51 ① 52 ① 53 ③

54 고과자가 평가방법을 잘 이해하지 못하거나 피고과자들 간의 차이를 인식하지 못하는 무능력에서 발생할 수 있는 인사고과의 오류는?   ▸ 2024년 공인노무사

① 중심화 경향
② 논리적 오류
③ 현혹효과
④ 상동적 태도
⑤ 근접오차

해설 ① 중심화, 가혹화, 관대화는 여러 사람을 동시에 평가할 때 나오는 오류인데, 특히 중심화 경향은 지나친 긍정적·부정적 판단을 유보하고 중간 정도로 평가하려는 경향으로 피고과자들 간의 차이를 인식하지 못하는 무능력에서 발생할 수 있다.

55 산업별 노동조합 또는 교섭권을 위임받은 상급단체와 개별 기업의 사용자 간에 이루어지는 단체교섭 유형은?   ▸ 2024년 공인노무사

① 대각선 교섭
② 통일적 교섭
③ 기업별 교섭
④ 공동교섭
⑤ 집단교섭

해설 ① 대각선 교섭 : 산업별 노동조합 또는 교섭권을 위임받은 상급단체와 개별 기업의 사용자 간에 이루어지는 단체교섭 유형이다.

56 외부 모집과 비교한 내부 모집의 장점을 모두 고른 것은?   ▸ 2024년 공인노무사

> ㄱ. 승진기회 확대로 종업원 동기 부여
> ㄴ. 지원자에 대한 평가의 정확성 확보
> ㄷ. 인력수요에 대한 양적 충족 가능

① ㄱ
② ㄴ
③ ㄱ, ㄴ
④ ㄴ, ㄷ
⑤ ㄱ, ㄴ, ㄷ

해설 **오답해설**
ㄷ. 인력수요에 대한 양적 충족 가능은 외부 모집의 장점

57 승진에 관한 설명으로 옳지 않은 것은?
▸2025년 공인노무사

① 연공이 승진기준으로 적합한 때는 개인의 숙련이나 능력향상이 연공에 비례하는 경우이다.
② 연공주의는 노동조합이 선호하는 반면에 능력주의는 경영자가 선호한다.
③ 직능자격제도 하에서 직능자격승진의 경우에는 직급과 직능등급이 일치된다.
④ 대용승진의 경우에는 직무내용의 실질적인 변화 없이 직급명칭만 변경된다.
⑤ 조직변화승진의 경우에는 경영조직을 변화시켜 승진기회를 마련한다.

해설 ③ 직능자격제도 하에서 직능자격승진의 경우에는 직급과 직능등급이 일치하지 않을 수 있다.

〈참고〉
자격승진제도는 직무중심주의와 사람중심주의를 절충시킨 것으로 승진에 일정한 자격을 설정해 놓고 그 자격을 취득한자를 승진시키는 것을 말한다. 자격승진에는 신분자격승진과 직능자격승진이 있다. 직능자격승진제도는 종업원이 갖추고 있는 직무수행능력(직능)을 기준으로 승진시키는 제도를 말하는데, 직능자격제도 하에서는 상위 직능등급에 대한 T/O개념은 없고, 누구라도 직능을 갖추게 되면 상위 직능등급으로 자격이 상승된다. 따라서 직능의 평가는 절대평가가 도입된다. 개인의 직능이 상위등급으로 이동할 경우 자격의 상승을 의미하기 때문에 이를 〈승격〉이라고 한다.
직능자격제도 하에서 직능자격승진의 경우, 직급과 직능등급이 반드시 일치하는 것은 아니다. 직능자격승진은 종업원의 직무수행능력 향상을 인정하여 이루어지지만, 직급 상승은 조직 내 직위 체계에 따른 것이므로, 직능등급 상승이 곧바로 직급 상승으로 이어지지 않을 수 있다. 즉, 직능등급이 올라도 직급은 그대로 유지될 수 있다.

58 인력의 수요공급 예측기법에 관한 설명으로 옳지 않은 것은?
▸2025년 공인노무사

① 마코브(Markov) 분석은 인력의 변동이 심한 상황에서 종업원의 이동을 예측할 때 효과적인 인력공급 예측기법이다.
② 대체도(replacement chart)는 공석이 된 직무로 누가 이동할 수 있는지를 보여주는 표로서 인력공급 예측기법으로 활용된다.
③ 기능목록은 종업원의 교육, 경험, 능력 등과 같은 직무관련 자료를 요약한 것으로 인력공급 예측기법으로 활용된다.
④ 델파이 기법은 여러 전문가들의 의견을 종합하여 판단하는 인력수요 예측기법이다.
⑤ 시나리오 기법은 경영환경이 복잡하여 변화에 대한 예측이 용이하지 않을 때 이용될 수 있는 인력수요 예측기법이다.

해설 ① 마코브(Markov) 분석은 현재 상태와 변화확률(이직율 등)을 이용하여 미래 상태를 예측하는 데 사용하는 기법이다. 과거의 변화 확률을 미래 예측에 사용하므로 인력의 변동이 심하지 않은 안정된 상황에서 종업원의 이동을 예측할 때 효과적인 인력공급 예측기법이다.

정답 54 ① 55 ① 56 ③ 57 ③ 58 ①

59 홀(D. Hall, 1976)의 경력단계 순서로 옳은 것은? ▸2025년 공인노무사

① 탐색단계 → 전진단계 → 유지단계 → 쇠퇴단계
② 시도단계 → 전진단계 → 확립단계 → 쇠퇴단계
③ 탐색단계 → 시도단계 → 성장단계 → 쇠퇴단계
④ 시도단계 → 확립단계 → 성장단계 → 쇠퇴단계
⑤ 탐색단계 → 확립단계 → 유지단계 → 쇠퇴단계

해설 ⑤ 홀(D. Hall, 1976)의 경력단계 순서는 탐색단계 → 확립단계 → 유지단계 → 쇠퇴단계이다.

〈참고〉 홀(D. Hall, 1976)이 제시한 경력단계
홀(Hall)의 경력단계이론은 각 단계별로 개인의 목표와 욕구가 다르다는 점을 보여주며, 개인의 발달과 변화에 따라 경력관리 전략이 달라져야 함을 시사한다.
1. **탐색단계**(25세 이하) : 개인의 정체성을 확립하고, 경력 방향을 탐색하는 단계이다. 다양한 직업 분야와 직장 경험을 통해 자신에게 맞는 직업을 찾아 나선다.
2. **확립단계**(25~45세) : 특정한 직무 영역에 정착하여 전문성을 개발하고 경력을 발전시키는 단계이다.
3. **유지단계**(45~64세) : 개인의 경력이 안정화되고, 생산성을 유지하며 조직 내에서 역할을 수행하는 단계이다.
4. **쇠퇴단계**(65세 이상) : 은퇴를 준비하며 경력을 마무리하는 단계이다. 이 단계에서 개인은 새로운 역할과 삶의 의미를 찾으려고 한다.

60 연공급에 관한 설명으로 옳지 않은 것은? ▸2025년 공인노무사

① 근속연수에 따라 임금이 상승하므로 고용안정과 생활보장에 도움이 된다.
② 소극적인 근무태도를 야기할 수 있다.
③ 전문기술인력을 채용하고 유지하기가 어렵다.
④ 동일노동 동일임금의 원칙을 적용할 수 있다.
⑤ 직무보다는 사람을 기준으로 하는 임금체계이다.

해설 ④ 동일노동 동일임금의 원칙을 적용할 수 있는 것은 직무급이다.

정답 **59** ⑤ **60** ④

Chapter 05 마케팅

01

BCG 매트릭스에서 상대적 시장점유율은 낮고 시장성장률이 높은 영역은? ▸2010년 공인노무사

① 별(Stars)
② 물음표(Question Marks)
③ 닭(Hens)
④ 개(Dogs)
⑤ 현금젖소(Cash Cows)

해설 **오답해설**

① 별(Stars) : 상대적 시장점유율은 높고, 시장성장률이 높은 영역
③ 닭(Hens) : BCG 매트릭스에 없는 영역
④ 개(Dogs) : 상대적 시장점유율은 낮고, 시장성장률이 낮은 영역
⑤ 현금젖소(Cash Cows) : 상대적 시장점유율은 높고, 시장성장률이 낮은 영역

02

시장세분화를 위한 소비자의 행동분석적 요인에 해당되지 않는 것은? ▸2010년 공인노무사

① 편익
② 제품사용경험
③ 제품의 사용정도
④ 상표애호도
⑤ 가족생애주기

해설 ⑤ 가족생애주기는 인구통계적 세분화 요인에 해당한다.

〈참고〉 시장세분화 기준
1) **인구통계적 세분화** : 나이, 성별, 가족규모, **가족생애주기**, 소득, 직업, 종교, 교육수준(학력), 결혼 상태, 주거형태, 다문화 가정 등
2) **행동적 세분화** : **추구 편익(효익)**, 사용량, **상표애호도(충성도)**, 사용 여부, **제품사용 경험**, **제품사용 정도**, 제품사용 상황, 사용률, 가격 민감도, 구매 단계, 참여 상황, 준비 상태, 사용자 상태 등
3) **사회심리적 세분화** : 구매자의 사회적 위치, 생활습관, 개인성격, 라이프스타일, 사회계층, AIO(활동, 관심, 의견), VALS(value, attitude & lifestyles) 등
4) **지리적 세분화** : 도시 규모, 지자체, 지역, 기후, 인구밀도 등

정답 01 ② 02 ⑤

03 마케팅 믹스에서 촉진활동에 해당되지 않는 것은?

▸ 2010년 공인노무사

① 광고
② 구전
③ 홍보
④ 판매촉진
⑤ 인적판매

해설 ② 구전(WOM)은 도입기에 구매를 한 혁신층 소비자의 구매경험담을 의미한다.

04 어린이식품을 생산하여 판매하는 A사가 A라는 브랜드를 가지고 전국에 10개의 'A 어린이집'을 열고자 한다. A사가 사용하려는 브랜드 전략은?

▸ 2010년 공인노무사

① 라인확장(line extension)
② 차별화(differentiation)
③ 공동 브랜드(co-brand)
④ 리포지셔닝(repositioning)
⑤ 범주 확장(category extension)

해설 신제품 도입 시의 상표전략

		제품범주	
		기존	신규
상표명	기존	계열 확장/ 라인 확장(line extension)	브랜드 확장/ 범주 확장(category extension)
	신규	복수 상표	신규 브랜드

05 소비자들이 제품가격의 높고 낮음을 평가할 때 비교기준으로 사용하는 가격은?

▸ 2011년 공인노무사

① 유보가격
② 최저수용가격
③ 관습가격
④ 준거가격
⑤ 단수가격

해설 ④ 준거가격은 소비자들이 제품가격의 높고 낮음을 평가할 때 비교기준으로 사용하는 가격이다.

오답해설
① 유보가격 : 소비자가 지불할 의향이 있는 최고 가격
② 최저수용가격 : 소비자가 품질의심 없이 구매할 수 있는 최저 가격

06 제품수명주기(PLC)의 단계별 특성에 관한 설명으로 옳지 않은 것은? ▸2011년 공인노무사

① 도입기에는 경쟁자의 수가 적다.
② 성장기에는 매출 성장이 빠르다.
③ 성숙기에는 이익이 점점 증가한다.
④ 쇠퇴기에는 경쟁자의 수가 감소한다.
⑤ 쇠퇴기에는 비용지출이 감소한다.

해설 ③ 이익이 점점 증가하는 단계는 성장기이다.

07 촉진믹스(promotion mix) 중 판매촉진(sales promotion) 활동에 해당하지 않는 것은?
▸2011년 공인노무사

① 적극적인 광고 및 홍보　　　② 샘플 제공
③ 가격 할인　　　　　　　　④ 상품전시회 개최
⑤ 할인권 제공

해설 촉진 믹스에는 광고, 인적판매, PR, 판매촉진이 있다. 그중 판매촉진은 ② 샘플 제공, ③ 가격 할인, ④ 상품전시회 개최, ⑤ 할인권 제공 등이 있다.

08 특정 기업이 자사 제품을 경쟁제품과 비교하여 유리하고 독특한 위치를 차지하도록 하는 마케팅 전략은? ▸2012년 공인노무사

① 관계마케팅　　　　　　　② 포지셔닝
③ 표적시장 선정　　　　　　④ 일대일 마케팅
⑤ 시장세분화

해설 ② 특정 기업이 자사 제품을 경쟁제품과 비교하여 유리하고 독특한 위치를 차지하도록 하는 마케팅 전략은 포지셔닝 전략이다.

09 제약회사 등에서 많이 사용하는 상표전략으로 각 제품마다 다른 상표를 적용하는 전략은?

▶ 2012년 공인노무사

① 개별상표 ② 가족상표
③ 상표확장 ④ 복수상표
⑤ 사적상표

해설 오답해설

⑤ 사적상표(PB)는 중간상 상표, 자사 상표, 자체 상표를 말한다.

10 BCG 매트릭스에 관한 설명으로 옳은 것은?

▶ 2012년 공인노무사

① 횡축은 시장성장률, 종축은 상대적 시장점유율이다.
② 물음표 영역은 시장성장률이 높고, 상대적 시장점유율은 낮아 계속적인 투자가 필요하다.
③ 별 영역은 시장성장률이 낮고, 상대적 시장점유율은 높아 현상유지를 해야 한다.
④ 자금젖소 영역은 현금창출이 많지만, 상대적 시장점유율이 낮아 많은 투자가 필요하다.
⑤ 개 영역은 시장지배적인 위치를 구축하여 성숙기에 접어든 경우이다.

해설 오답해설

① 횡축은 상대적 시장점유율, 종축은 시장성장률이다.
③ 별 영역은 시장성장률이 높고, 상대적 시장점유율도 높다. 시장성장률이 낮고, 상대적 시장점유율
　 은 높아 현상유지를 해야 하는 영역은 자금젖소 영역이다.
④ 자금젖소 영역은 현금창출이 많지만, 시장성장률이 낮고, 상대적 시장점유율은 높아 많은 투자가
　 필요 없다.
⑤ 개 영역은 시장에서 열등한 위치에 있어 쇠퇴기에 접어든 경우이다.

11 제품—시장 매트릭스에서 기존시장에 그대로 머물면서 기존제품의 매출을 늘리고 시장점유
율을 한층 높여가는 성장전략은?

▶ 2013년 공인노무사

① 시장침투 ② 제품개발
③ 시장개발 ④ 다각화
⑤ 고객세분화

해설 앤소프의 제품—시장 확장 매트릭스

		제품	
		기존	신규
시장	기존	시장침투	제품개발
	신규	시장개발	다각화

12 시장세분화에 관한 설명으로 옳은 것은?

▶ 2013년 공인노무사

① 인구통계적 세분화는 나이, 성별, 가족규모, 소득, 직업, 종교, 교육수준 등을 바탕으로 시장을 나누는 것이다.
② 사회심리적 세분화는 추구하는 편익, 사용량, 상표애호도, 사용 여부 등을 바탕으로 시장을 나누는 것이다.
③ 시장표적화는 시장 내에서 우월한 위치를 차지하도록 고객을 위한 제품·서비스 및 마케팅 믹스를 개발하는 것이다.
④ 시장포지셔닝은 세분화된 시장의 좋은 점을 분석한 후 진입할 세분시장을 선택하는 것이다.
⑤ 행동적 세분화는 구매자의 사회적 위치, 생활습관, 개인성격 등을 바탕으로 시장을 나누는 것이다.

해설 〈참고〉 시장세분화 기준
1) **인구통계적 세분화** : 나이, 성별, 가족규모, 가족생애주기, 소득, 직업, 종교, 교육수준(학력), 결혼상태, 주거형태, 다문화 가정 등
2) **행동적 세분화** : **추구 편익(효익)**, **사용량**, **상표애호도(충성도)**, **사용 여부**, 제품사용 경험, 제품사용 정도, 제품사용 상황, 사용률, 가격 민감도, 구매 단계, 참여 상황, 준비 상태, 사용자 상태 등
3) **사회심리적 세분화** : 구매자의 사회적 위치, 생활습관, 개인성격, 라이프스타일, 사회계층, AIO(활동, 관심, 의견), VALS(value, attitude & lifestyles) 등
4) **지리적 세분화** : 도시 규모, 지자체, 지역, 기후, 인구밀도 등

오답해설
② 행동적 세분화는 추구하는 편익, 사용량, 상표애호도, 사용 여부 등을 바탕으로 시장을 나누는 것이다.
③ 시장표적화는 세분화된 시장을 분석한 후 진입할 세분시장을 선택하는 것이다.
④ 시장포지셔닝은 세분화된 시장 내에서 우월한 위치를 선택하는 것이다.
⑤ 사회심리적 세분화는 구매자의 사회적 위치, 생활습관, 개인성격 등을 바탕으로 시장을 나누는 것이다.

정답 09 ① 10 ② 11 ① 12 ①

13 BCG 매트릭스에서 시간 흐름에 따른 사업단위(SBU)의 수명주기를 순서대로 나열한 것은?

▸ 2013년 공인노무사

① 별 → 현금젖소 → 개 → 물음표
② 물음표 → 별 → 현금젖소 → 개
③ 현금젖소 → 개 → 별 → 물음표
④ 개 → 물음표 → 현금젖소 → 별
⑤ 물음표 → 현금젖소 → 별 → 개

> **해설** ② 물음표(Question Marks) → 별(Stars) → 현금젖소(Cash Cow) → 개(Dogs)

14 A기업에서 화장품으로 성공한 '그린러브' 상표를 세제와 치약에도 사용하려고 하는 전략은?

▸ 2013년 공인노무사

① 메가상표(mega brand) ② 개별상표(individual brand)
③ 상표연장(brand extension) ④ 복수상표(multi brand)
⑤ 상표자산(brand equity)

> **해설** 신제품 도입 시의 상표전략

		제품범주	
		기존	신규
상표명	기존	계열 확장/ 라인 확장(line extension)	브랜드 확장(연장)(brand extension)/ 범주 확장(category extension)
	신규	복수 상표	신규 브랜드

15 신제품을 가장 먼저 받아들이는 그룹에 이어 두 번째로 신제품의 정보를 수집하여 신중하게 수용하는 그룹은?

▸ 2013년 공인노무사

① 조기수용자(early adopters) ② 혁신자(innovators)
③ 조기다수자(early majority) ④ 후기다수자(late majority)
⑤ 최후수용자(laggards)

> **해설** 〈참고〉 로저스(Rogers)의 확산이론
> 1) 혁신자(Innovator) : 2.5%
>   처음 사용(구매)(특정분야)

2) 초기수용자(조기 채택자)(Early Adapter) : 13.5%
  의견선도자(Opinion Leader)(핵심요소)
3) 초기(조기)다수자(Early Majority) : 34%
  신중형(신중하게 판단, 혁신자 의견존중＝추론자)
4) 후기다수자(Late Majority) : 34%
  의심형, 소비시장에서 50% 이상 사용 시 본인 사용
5) 느림보(지체)채택자(Laggard) : 16%
  전통보수형(마지못해 수용)

16 제품수명주기를 순서대로 나열한 것은?
▶ 2014년 공인노무사

ㄱ. 도입기	ㄴ. 성장기
ㄷ. 성숙기	ㄹ. 쇠퇴기

① ㄱ － ㄴ － ㄷ － ㄹ
② ㄱ － ㄷ － ㄴ － ㄹ
③ ㄴ － ㄱ － ㄷ － ㄹ
④ ㄴ － ㄱ － ㄹ － ㄷ
⑤ ㄷ － ㄱ － ㄹ － ㄴ

해설 ① ㄱ. 도입기 → ㄴ. 성장기 → ㄷ. 성숙기 → ㄹ. 쇠퇴기

17 수요의 가격탄력성이 가장 높은 경우는?
▶ 2014년 공인노무사

① 대체재나 경쟁자가 거의 없을 때
② 구매자들이 높은 가격을 쉽게 지각하지 못할 때
③ 구매자들이 구매습관을 바꾸기 어려울 때
④ 구매자들이 대체품의 가격을 쉽게 비교할 수 있을 때
⑤ 구매자들이 높은 가격이 그만한 이유가 있다고 생각할 때

해설 ④는 수요의 가격탄력성이 높은 경우에 해당하고, 나머지는 수요의 가격탄력성이 낮은 경우에 해당한다.

18 관계마케팅의 등장배경으로 옳지 않은 것은? ▸2014년 공인노무사

① 정보통신기술의 급격한 발전
② 구매자 중심시장에서 판매자 중심시장으로 전환
③ 고객욕구 다양화로 고객만족이 더욱 어려워짐
④ 시장 규제완화로 신시장 진입기회 증가에 따른 경쟁자의 증가
⑤ 마케팅 커뮤니케이션의 효율성을 높이기 위해 표적고객들에게 차별화된 메시지 전달이 필요해짐

해설 ② 판매자 중심시장에서 구매자 중심시장으로 전환되어 관계마케팅이 등장했다.

19 로저스(Rogers)가 주장한 혁신의 수용과 확산모형에서 신제품을 수용하는 소비자 분포의 비율로 옳지 않은 것은? ▸2014년 공인노무사

① 혁신자(innovators) − 2.5%
② 조기수용자(early adopters) − 16%
③ 전기다수자(early majorities) − 34%
④ 후기다수자(late majorities) − 34%
⑤ 최후수용자(laggards) − 16%

해설 ② 조기수용자(early adopters) − 13.5%

20 BCG의 성장−점유율 매트릭스에서 시장성장률은 낮고 상대적 시장점유율이 높은 영역은? ▸2015년 공인노무사

① Dog   ② Star
③ Cash Cow   ④ Problem Child
⑤ Question Mark

해설 ③ Cash Cow : 시장성장률은 낮고 상대적 시장점유율이 높은 영역

오답해설
① Dog : 시장성장률은 낮고, 상대적 시장점유율도 낮은 영역
② Star : 시장성장률은 높고, 상대적 시장점유율도 높은 영역
④, ⑤ Problem Child, Question Mark : 시장성장률은 높고, 상대적 시장점유율이 낮은 영역

21 표적시장에 관한 설명으로 옳지 않은 것은? ▸ 2015년 공인노무사

① 단일표적시장에는 집중적 마케팅전략을 구사한다.
② 다수표적시장에는 순환적 마케팅전략을 구사한다.
③ 통합표적시장에는 역세분화 마케팅전략을 구사한다.
④ 인적, 물적, 기술적 자원이 부족한 기업은 보통 집중적 마케팅전략을 구사한다.
⑤ 세분시장 평가 시에는 세분시장의 매력도, 기업의 목표와 자원 등을 고려해야 한다.

> **해설** ② 순환적 마케팅이란 고객의 요구를 파악하여 이에 대해 대응하는 전략으로 선형 마케팅에 대비되는 개념이다. 다수표적시장에서는 차별적 마케팅전략이 필요하다.

22 전형적인 제품수명주기(PLC)에 관한 설명으로 옳지 않은 것은? ▸ 2015년 공인노무사

① 도입기, 성장기, 성숙기, 쇠퇴기의 4단계로 나누어진다.
② 성장기에는 제품선호형 광고에서 정보제공형 광고로 전환한다.
③ 도입기에는 제품인지도를 높이기 위해 광고비가 많이 소요된다.
④ 성숙기에는 제품의 매출성장률이 점차적으로 둔화되기 시작한다.
⑤ 쇠퇴기에는 제품에 대해 유지전략, 수확전략, 철수전략 등을 고려할 수 있다.

> **해설** **오답해설**
> ② 성장기에는 정보제공형 광고에서 제품선호형 광고로 전환한다.

23 통합적 마케팅 커뮤니케이션에 관한 설명 중 옳지 않은 것은? ▸ 2015년 공인노무사

① 강화광고는 기존 사용자에게 브랜드에 대한 확신과 만족도를 높여 준다.
② 가족 브랜딩(family branding)은 개별 브랜딩과는 달리 한 제품을 촉진하면 나머지 제품도 촉진된다는 이점이 있다.
③ 촉진에서 풀(pull) 정책은 제품에 대한 강한 수요를 유발할 목적으로 광고나 판매촉진 등을 활용하는 정책이다.
④ PR은 조직의 이해관계자들에게 호의적인 인상을 심어주기 위하여 홍보, 후원, 이벤트, 웹사이트 등을 사용하는 커뮤니케이션 방법이다.
⑤ 버즈(buzz) 마케팅은 소비자에게 메시지를 빨리 전파할 수 있게 이메일이나 모바일을 통하여 메시지를 공유한다.

해설 ⑤ 버즈(buzz) 마케팅은 바이럴 마케팅의 일종으로 소비자들이 자발적으로 메시지를 전달하게 만들어 상품에 대한 긍정적인 이미지를 형성하게 하는 마케팅 기법이다. 이메일이나 모바일보다는 페이스북, 트위터, 인스타그램, 유튜브 등 소셜 미디어 및 블로그, 커뮤니티 등을 통하여 쌍방향으로 메시지를 공유한다.

24 보스톤 컨설팅 그룹(BCG)의 사업 포트폴리오 매트릭스에 관한 설명으로 옳은 것은?

▶ 2016년 공인노무사

① 산업의 매력도와 사업의 강점을 기준으로 분류한다.
② 물음표(question mark)에 속해 있는 사업단위는 투자가 필요하나 성장가능성은 낮다.
③ 개(dog)에 속해 있는 사업단위는 확대전략이 필수적이다.
④ 별(star)에 속해 있는 사업단위는 철수나 매각이 필수적이다.
⑤ 자금젖소(cash cow)에 속해 있는 사업단위는 수익이 높고 안정적이다.

해설 **오답해설**
① 보스톤 컨설팅 그룹(BCG)의 사업 포트폴리오 매트릭스는 상대적 시장점유율과 시장의 성장률을 기준으로 분류한다. 산업의 매력도와 사업의 강점을 기준으로 분류하는 도구는 GE 매트릭스이다.
② 물음표(question mark)에 속해 있는 사업단위는 성장가능성이 높고 투자가 필요하다.
③ 개(dog)에 속해 있는 사업단위는 매각이나 철수 전략이 필수적이다.
④ 별(star)에 속해 있는 사업단위는 확대전략이 필수적이다.

25 마케팅 커뮤니케이션 활동의 촉진믹스(promotion mix)의 구성요소와 관련이 없는 것은?

▶ 2016년 공인노무사

① 선별적 유통점포 개설　　　　② 구매시점 진열
③ PR(public relations)　　　　④ 광고
⑤ 인적판매

해설 마케팅 4P 전략 중 촉진믹스(promotion mix)의 구성요소로는 ② 판매촉진(구매시점 진열), ③ PR(public relations), ④ 광고, ⑤ 인적판매 등이 있다.

오답해설
① 선별적 유통점포 개설은 마케팅 4P 전략 중 유통(place)에 해당된다.

26 소비자들의 구매의사 결정과정을 순서대로 바르게 나열한 것은? ▸ 2016년 공인노무사

① 정보탐색 → 필요인식 → 대안평가 → 구매 → 구매 후 행동
② 정보탐색 → 필요인식 → 구매 → 대안평가 → 구매 후 행동
③ 정보탐색 → 대안평가 → 필요인식 → 구매 → 구매 후 행동
④ 필요인식 → 정보탐색 → 대안평가 → 구매 → 구매 후 행동
⑤ 대안평가 → 정보탐색 → 필요인식 → 구매 → 구매 후 행동

해설 소비자 구매의사 결정과정
필요인식 → 정보탐색 → 대안평가 → 구매 → 구매 후 행동

27 제품구매에 대한 심리적 불편을 겪게 되는 인지부조화(cognitive dissonance)에 관한
설명으로 옳은 것은? ▸ 2016년 공인노무사

① 반품이나 환불이 가능할 때 많이 발생한다.
② 구매제품의 만족수준에 정비례하여 발생한다.
③ 고관여 제품에서 많이 발생한다.
④ 제품구매 전에 경험하는 긴장감과 걱정의 감정을 뜻한다.
⑤ 사후서비스(A/S)가 좋을수록 많이 발생한다.

해설 ③ 소비자가 서비스나 제품 구매 후 느끼는 인지부조화인 구매후부조화는 고관여 제품에서 많이 발
생한다.

오답해설
① 반품이나 환불이 가능할 때 적게 발생한다.
② 구매제품의 만족수준에 반비례하여 발생한다.
④ 제품구매 전에 경험하는 긴장감과 걱정의 감정은 인지된 위험을 뜻한다.
⑤ 사후서비스(A/S)가 좋을수록 적게 발생한다.

28 제품/시장 매트릭스(product/market matrix)에서 신제품을 가지고 신시장에 진출하는 성장
전략은? ▸ 2017년 공인노무사

① 다각화 전략 ② 제품개발 전략
③ 집중화 전략 ④ 시장침투 전략
⑤ 시장개발 전략

정답 24 ⑤ 25 ① 26 ④ 27 ③ 28 ①

해설 앤소프의 제품-시장 확장 매트릭스

		제품	
		기존	신규
시장	기존	시장침투	제품개발
	신규	시장개발	다각화

29 시장세분화에 관한 설명으로 옳지 않은 것은?

▶ 2017년 공인노무사

① 세분화된 시장 내에서는 이질성이 극대화되도록 해야 한다.
② 효과적인 시장세분화를 위해서는 시장의 규모가 측정 가능해야 한다.
③ 나이, 성별, 소득은 인구통계학적 세분화 기준에 속한다.
④ 제품사용 상황, 추구편익은 행동적 세분화 기준에 속한다.
⑤ 라이프스타일, 성격은 심리도식적 세분화 기준에 속한다.

해설 ① 세분화된 시장 내에서는 동질성이 극대화, 세분 시장 간에는 이질성이 극대화되도록 해야 한다.

〈참고〉 시장세분화 기준
1) **인구통계적 세분화** : **나이**, **성별**, 가족규모, 가족생애주기, 소득, 직업, 종교, 교육수준(학력), 결혼
   상태, 주거형태, 다문화 가정 등
2) **행동적 세분화** : **추구 편익(효익)**, 사용량, 상표애호도(충성도), 사용 여부, 제품사용 경험, 제품사
   용 정도, **제품사용 상황**, 사용률, 가격 민감도, 구매 단계, 참여 상황, 준비 상태, 사용자 상태 등
3) **사회심리적 세분화** : 구매자의 사회적 위치, 생활습관, **개인성격**, **라이프스타일**, 사회계층, AIO(활
   동, 관심, 의견), VALS(value, attitude & lifestyles) 등
4) **지리적 세분화** : 도시 규모, 지자체, 지역, 기후, 인구밀도 등

30 A사가 프린터를 저렴하게 판매한 후, 그 프린터의 토너를 비싼 가격으로 결정하는 방법은?

▶ 2017년 공인노무사

① 종속제품 가격결정(captive product pricing)
② 묶음 가격결정(bundle pricing)
③ 단수 가격결정(odd pricing)
④ 침투 가격결정(penetration pricing)
⑤ 스키밍 가격결정(skimming pricing)

해설 오답해설

④ 침투 가격결정(penetration pricing) : 신제품 도입 시의 가격결정 방법으로 선저가 후고가로 설정한다.

⑤ 스키밍 가격결정(skimming pricing) : 신제품 도입 시의 가격결정 방법으로 선고가 후저가로 설정한다.

---

31 제품 구성요소 중 유형제품(tangible product)에 해당하는 것은? ▸ 2017년 공인노무사

① 보증(guarantee)

② 상표명(brand name)

③ 대금결제방식(payment)

④ 배달(delivery)

⑤ 애프터 서비스(after service)

해설 ②는 유형제품에 해당하고, 나머지는 유형제품(tangible product)에 서비스 개념을 추가한 것으로 확장(증폭)제품에 해당한다.

---

32 다음에서 설명하는 소비재는? ▸ 2018년 공인노무사

> • 특정 브랜드에 대한 고객 충성도가 높다.
> • 제품마다 고유한 특성을 지니고 있다.
> • 브랜드마다 차이가 크다.
> • 구매 시 많은 시간과 노력을 필요로 한다.

① 편의품(convenience goods)   ② 선매품(shopping goods)

③ 전문품(specialty goods)   ④ 자본재(capital items)

⑤ 원자재(raw materials)

해설 오답해설

① 편의품(convenience goods) : 구매 시 시간과 노력을 들이지 않는다.

---

33 신제품 가격결정방법 중 초기고가전략(skimming pricing)을 택하기 어려운 경우는?

▶ 2018년 공인노무사

① 수요의 가격탄력성이 높은 경우　② 생산 및 마케팅 비용이 높은 경우
③ 경쟁자의 시장진입이 어려운 경우　④ 제품의 혁신성이 큰 경우
⑤ 독보적인 기술이 있는 경우

해설 ① 수요의 가격탄력성이 높은 경우 초기저가전략, 즉 침투전략을 사용한다.

34 효과적인 시장세분화를 위한 요건으로 옳지 않은 것은?

▶ 2018년 공인노무사

① 측정가능성　　　　　　　　　② 충분한 시장 규모
③ 접근가능성　　　　　　　　　④ 세분시장 간의 동질성
⑤ 실행가능성

해설 ④ 세분시장 간에는 이질성이 극대화되어야 한다.

35 촉진믹스(promotion mix) 활동에 해당되지 않는 것은?

▶ 2018년 공인노무사

① 옥외광고　　　　　　　　　　② 방문판매
③ 홍보　　　　　　　　　　　　④ 가격할인
⑤ 개방적 유통

해설 ⑤ 개방적 유통은 4P 중 유통(place)에 해당한다.

36 수요가 공급을 초과할 때 수요를 감소시키는 것을 목적으로 하는 마케팅관리 기법은?

▶ 2019년 공인노무사

① 전환적 마케팅(conversional marketing)
② 동시화 마케팅(synchro marketing)
③ 자극적 마케팅(stimulative marketing)
④ 개발적 마케팅(developmental marketing)
⑤ 디마케팅(demarketing)

해설 **오답해설**
① 전환적 마케팅(conversional marketing) : 부정적 수요를 긍정적 수요로 전환
② 동시화 마케팅(synchro marketing) : 불규칙적 수요의 시기적 일치
③ 자극적 마케팅(stimulative marketing) : 무수요에 대한 수요의 창조
④ 개발적 마케팅(developmental marketing) : 잠재적 수요에 대한 개발

37 수직적 마케팅시스템(Vertical Marketing System) 중 소유권의 정도와 통제력이 강한 유형에 해당하는 것은?

▶ 2019년 공인노무사

① 계약형 VMS
② 기업형 VMS
③ 관리형 VMS
④ 협력형 VMS
⑤ 혼합형 VMS

해설 수직적 마케팅시스템(Vertical Marketing System) 중 소유권의 정도와 통제력이 강한 순서
: 기업(법인)형 VMS > 계약형 VMS > 관리형 VMS

38 소비자 심리에 근거한 가격결정 방법으로 옳지 않은 것은?

▶ 2019년 공인노무사

① 종속가격(captive pricing)
② 단수가격(odd pricing)
③ 준거가격(reference pricing)
④ 긍지가격(prestige pricing)
⑤ 관습가격(customary pricing)

해설 ① 종속가격(captive pricing)은 보완재 관계에 있는 제품의 가격설정 기법이다.

39 ㈜한국은 10,000원에 상당하는 두루마리 화장지 가격을 9,990원으로 책정하였다. 이러한 가격결정 방법은?

▶ 2020년 공인노무사

① 단수가격
② 명성가격
③ 층화가격
④ 촉진가격
⑤ 관습가격

해설 ① 단수(odd)란 홀수(또는 복잡한 숫자)를 말하며, 단수가격은 소비자로 하여금 가격이 성실하게 결정된 것으로 믿게 한다.

정답   33 ①   34 ④   35 ⑤   36 ⑤   37 ②   38 ①   39 ①

40 마약퇴치 운동과 같이 불건전한 수요를 파괴시키는 데 활용되는 마케팅은?

▸ 2020년 공인노무사

① 동시화 마케팅(synchro marketing) ② 재마케팅(remarketing)
③ 디마케팅(demarketing) ④ 대항 마케팅(counter marketing)
⑤ 터보 마케팅(turbo marketing)

해설 오답해설

⑤ 터보 마케팅(turbo marketing)은 속도를 중시하는 마케팅이다.

41 마케팅전략에 관한 설명으로 옳은 것은?

▸ 2020년 공인노무사

① 마케팅 비용을 절감하기 위해 차별화 마케팅전략을 도입한다.
② 제품전문화 전략은 표적시장 선정전략의 일종이다.
③ 포지셔닝은 전체 시장을 목표로 하는 마케팅전략이다.
④ 제품의 확장속성이란 판매자가 제공하거나 구매자가 추구하는 본질적 편익을 말한다.
⑤ 시장세분화 전제조건으로서의 실질성이란 세분시장의 구매력 등이 측정가능해야 함을 의미한다.

해설 오답해설

① 마케팅 비용을 절감하기 위해서는 비차별화 마케팅전략이 유리하다.
③ 포지셔닝은 세분 시장을 목표로 하는 마케팅전략이다.
④ 제품의 핵심속성(핵심 편익)이란 판매자가 제공하거나 구매자가 추구하는 본질적 편익을 말한다. 확장속성이란 유형속성(실체 속성)에 서비스 개념을 추가한 것이다.
⑤ 시장세분화 전제조건으로서의 실질성이란 세분시장이 실제로 존재하고 세분시장의 규모가 커야 함을 의미한다.

42 GE/맥킨지 매트릭스(GE/McKinsey matrix)에서 전략적 사업부를 분류하기 위한 두 기준은?

▸ 2021년 공인노무사

① 산업매력도 – 사업단위 위치(경쟁력) ② 시장성장률 – 시장점유율
③ 산업매력도 – 시장성장률 ④ 사업단위 위치(경쟁력) – 시장점유율
⑤ 시장점유율 – 가격경쟁력

해설 오답해설

② 시장성장률과 상대적 시장점유율은 BCG 매트릭스에서 전략적 사업부를 분류하기 위한 두 기준이 된다.

43 선매품(shopping goods)에 관한 설명으로 옳은 것은?

▶ 2021년 공인노무사

① 소비자가 필요하다고 느낄 때 수시로 구매하는 경향을 보인다.

② 소비자는 가격, 품질, 스타일 등 다양한 정보를 수집하여 신중하게 비교하는 경향을 보인다.

③ 소비자는 잘 알지 못하거나 알고 있어도 능동적으로 구매하려 하지 않는다.

④ 일상생활에서 빈번히 구매하는 저관여 제품들이 많다.

⑤ 독특한 특징을 지니거나 브랜드 차별성을 지니는 제품들이 많다.

해설 **오답해설**

①, ④ 소비자가 필요하다고 느낄 때 수시로 구매하는 경향을 보이는 저관여 제품들은 편의품이다.

⑤ 독특한 특징을 지니거나 브랜드 차별성을 지니는 제품들이 많은 것은 전문품이다.

44 브랜드(brand) 요소를 모두 고른 것은?

▶ 2021년 공인노무사

ㄱ. 징글(jingle) ㄴ. 캐릭터(character)
ㄷ. 슬로건(slogan) ㄹ. 심볼(symbol)

① ㄱ, ㄴ ② ㄷ, ㄹ
③ ㄱ, ㄴ, ㄷ ④ ㄴ, ㄷ, ㄹ
⑤ ㄱ, ㄴ, ㄷ, ㄹ

해설 ㄱ. 징글(jingle, 반복되는 특정 소리나 멜로디) : CM송처럼 특정한 소리나 멜로디를 이용해 제품이나 브랜드를 연상시키고 친숙한 이미지를 구축하는 것

45 서비스의 특성으로 옳지 않은 것은?

▶ 2021년 공인노무사

① 무형성 ② 비분리성
③ 반응성 ④ 소멸성
⑤ 변동성(이질성)

해설 **오답해설**

③ 반응성은 서비스 품질 평가 시에 사용하는 척도이다.

46 앤소프(H. I. Ansoff)의 제품─시장 확장전략 중 기존 제품으로 기존 시장의 점유율을 확대해 가는 전략은? ▸ 2022년 공인노무사

① 원가우위 전략 ② 시장침투 전략
③ 시장개발 전략 ④ 제품개발 전략
⑤ 다각화 전략

해설 앤소프의 제품─시장 확장전략

		제품	
		기존	신규
시장	기존	시장침투	제품개발
	신규	시장개발	다각화

47 기존 브랜드명을 새로운 제품범주의 신제품에 사용하는 것은? ▸ 2022년 공인노무사

① 공동 브랜딩(co-branding) ② 복수 브랜딩(multi-branding)
③ 신규 브랜드(new brand) ④ 라인 확장(line extension)
⑤ 브랜드 확장(brand extension)

해설 신제품 도입 시의 상표전략

		제품범주	
		기존	신규
상표명	기존	계열 확장/ 라인 확장(line extension)	브랜드 확장/ 범주 확장(category extension)
	신규	복수 상표	신규 브랜드

48 제품의 기본가격을 조정하여 세분시장별로 가격을 달리하는 가격결정이 아닌 것은? ▸ 2022년 공인노무사

① 고객집단 가격결정 ② 묶음제품 가격결정
③ 제품형태 가격결정 ④ 입지 가격결정
⑤ 시간 가격결정

해설 ② 묶음제품으로 시장 세분화는 불가능하다.

49 새로운 마케팅 기회를 확보하기 위해 동일한 유통경로 단계에 있는 둘 이상의 기업이 제휴하는 시스템은?

▸ 2022년 공인노무사

① 혁신 마케팅시스템
② 수평적 마케팅시스템
③ 계약형 수직적 마케팅시스템
④ 관리형 수직적 마케팅시스템
⑤ 기업형 수직적 마케팅시스템

해설 ② 동일한 유통경로 단계란 동종 산업을 말하며, 동종 산업 내의 둘 이상의 기업이 제휴하는 것은 수평적 마케팅시스템이다.

50 기업 경영에서 마케팅 개념(marketing concept)이 발전해 온 순서로 옳은 것은?

▸ 2023년 공인노무사

① 생산 개념 → 제품 개념 → 판매 개념 → 마케팅 개념
② 생산 개념 → 판매 개념 → 제품 개념 → 마케팅 개념
③ 제품 개념 → 생산 개념 → 판매 개념 → 마케팅 개념
④ 제품 개념 → 판매 개념 → 생산 개념 → 마케팅 개념
⑤ 판매 개념 → 제품 개념 → 생산 개념 → 마케팅 개념

해설 마케팅 개념(marketing concept)의 발전 순서
생산 개념 → 제품 개념 → 판매 개념 → 마케팅 개념

51 다음 BCG 매트릭스의 4가지 영역 중, 시장성장률이 높은(고성장) 영역과 상대적 시장점유율이 높은(고점유) 영역이 옳게 짝지어진 것은?

▸ 2023년 공인노무사

| ㄱ. 현금젖소(cash cow) | ㄴ. 별(star) |
| ㄷ. 물음표(question mark) | ㄹ. 개(dog) |

	고성장	고점유			고성장	고점유
①	ㄱ, ㄴ	ㄴ, ㄷ		②	ㄱ, ㄴ	ㄴ, ㄹ
③	ㄱ, ㄹ	ㄱ, ㄴ		④	ㄴ, ㄷ	ㄱ, ㄴ
⑤	ㄴ, ㄷ	ㄱ, ㄷ				

> **해설** BCG 매트릭스의 4가지 영역 중, 시장성장률이 높은(고성장) 영역에 해당하는 것은 좌상과 우상, 즉 1행 영역이고, 상대적 시장점유율이 높은(고점유) 영역에 해당하는 것은 좌상과 좌하, 즉 1열 영역이다.

52 로저스(E. Roger)의 혁신에 대한 수용자 유형이 아닌 것은?

▸2023년 공인노무사

① 혁신자(innovators)
② 조기수용자(early adopters)
③ 후기수용자(late adopters)
④ 조기다수자(early majority)
⑤ 후기다수자(late majority)

> **해설** ③ 조기수용자(early adopters), 조기다수자(early majority), 후기다수자(late majority)의 유형은 있지만 후기수용자(late adopters)라는 유형은 없다.
>
> 〈참조〉 로저스(Rogers)의 확산이론
> 1) 혁신자(Innovator) : 2.5%
>   처음 사용(구매)(특정분야)
> 2) 초기수용자(조기 채택자)(Early Adapter) : 13.5%
>   의견선도자(Opinion Leader)(핵심요소)
> 3) 초기(조기)다수자(Early Majority) : 34%
>   신중형(신중하게 판단, 혁신자 의견존중 = 추론자)
> 4) 후기다수자(Late Majority) : 34%
>   의심형, 소비시장에서 50% 이상 사용 시 본인 사용
> 5) 느림보(지체)채택자(Laggard) : 16%
>   전통보수형(마지못해 수용)

53 광고(advertising)와 홍보(publicity)에 관한 설명으로 옳지 않은 것은?

▸2023년 공인노무사

① 광고는 홍보와 달리 매체 비용을 지불한다.
② 홍보는 일반적으로 광고보다 신뢰성이 높다.
③ 광고는 일반적으로 홍보보다 기업이 통제할 수 있는 영역이 많다.
④ 홍보는 일반적으로 언론의 기사나 뉴스 형태로 많이 이루어진다.
⑤ 홍보의 세부 유형으로 PR(Public Relations)이 있다.

> **해설** ⑤ PR(Public Relations)의 세부 유형으로 홍보가 있으며, 홍보는 PR의 여러 수단 중 하나이다. PR(Public Relations)의 커뮤니케이션 방법으로 홍보가 사용된다.

54 효과적인 시장세분화가 되기 위한 조건으로 옳지 않은 것은? ▸ 2024년 공인노무사

① 세분화를 위해 사용되는 변수들이 측정가능해야 한다.
② 세분시장에 속하는 고객들에게 효과적이고 효율적으로 접근할 수 있어야 한다.
③ 세분시장 내 고객들과 기업의 적합성은 가능한 낮아야 한다.
④ 같은 세분시장에 속한 고객들끼리는 최대한 비슷해야 하고 서로 다른 세분시장에 속한 고객들 간에는 이질성이 있어야 한다.
⑤ 세분시장의 규모는 마케팅활동으로 이익이 날 수 있을 정도로 충분히 커야 한다.

해설 ① 세분화를 위해 사용되는 변수들이 측정가능해야 한다.
② 세분시장에 속하는 고객들에게 효과적이고 효율적으로 접근할 수 있어야 한다.
④ 같은 세분시장에 속한 고객들끼리는 최대한 비슷해야(동질성) 하고, 서로 다른 세분시장에 속한 고객들 간에는 이질성이 있어야 한다.
⑤ 세분시장의 규모는 이익이 날 수 있을 정도로 충분히 커야 한다.

오답해설
③ 세분시장 내 고객들과 기업의 적합성은 가능한 높아야 한다.

55 다음에서 설명하는 제품수명주기의 단계는? ▸ 2024년 공인노무사

> • 고객의 신제품수용이 늘어나 생산량이 급속히 증가하면서 단위당 제품원가, 유통비용, 촉진비용이 하락한다.
> • 지속적인 판매량 증대로 이익이 빠르게 늘어난다.

① 도입기 ② 성장기
③ 성숙기 ④ 정체기
⑤ 쇠퇴기

해설 ② 생산량이 급속히 증가하고, 이익이 빠르게 늘어나는 단계는 성장기이다.

56 4P 중 가격에 관한 설명으로 옳지 않은 것은?

▶ 2024년 공인노무사

① 가격은 다른 마케팅믹스 요소들과 달리 상대적으로 쉽게 변경할 수 있다.

② 구매자가 가격이 비싼지 싼지를 판단하는 기준으로 삼는 가격을 준거가격이라 한다.

③ 구매자가 어떤 상품에 대해 지불할 용의가 있는 최저가격을 유보가격이라 한다.

④ 가격변화를 느끼게 만드는 최소의 가격변화 폭을 JND(just noticeable difference)라 한다.

⑤ 구매자들이 가격이 높은 상품일수록 품질도 높다고 믿는 것을 가격-품질 연상이라 한다.

해설 ③ 구매자가 어떤 상품에 대해 지불할 용의가 있는 최저가격은 최저수용가격이다. 유보가격은 구매자가 어떤 상품에 대해 지불할 용의가 있는 최고가격이다.

57 판매촉진의 수단 중 소비자들의 구입가격을 인하시키는 효과를 갖는 가격수단의 유형을 모두 고른 것은?

▶ 2024년 공인노무사

ㄱ. 할인쿠폰	ㄴ. 샘플
ㄷ. 보상판매	ㄹ. 보너스팩

① ㄱ, ㄴ 　　　　　② ㄷ, ㄹ

③ ㄱ, ㄴ, ㄷ 　　　④ ㄱ, ㄷ, ㄹ

⑤ ㄱ, ㄴ, ㄷ, ㄹ

해설 오답해설
ㄴ. 샘플은 무료로 제품을 소비할 수 있는 기회를 제공한다.

58 브랜드에 관한 설명으로 옳지 않은 것은?

▶ 2024년 공인노무사

① 브랜드는 제품이나 서비스와 관련된 이름, 상징, 혹은 기호로서 그것에 대해 구매자가 심리적인 의미를 부여하는 것이다.

② 브랜드 자산은 소비자가 브랜드에 부여하는 가치, 즉 브랜드가 창출하는 부가가치를 말한다.

③ 켈러(J. Keller)에 따르면, 브랜드 자산의 원천은 브랜드의 인지도와 브랜드의 이미지이다.

④ 브랜드 이미지는 긍정적이고 독특하며 강력해야 한다.

⑤ 브랜드 개발은 창의적인 광고를 통해 관련 이미지를 만들어내는 것이다.

해설 ⑤ 브랜드 개발을 위해서는 사업 유형과 제품을 파악하고, 타깃 고객과 고객의 요구를 파악하고, 경쟁업체를 조사하며, 브랜드 포지셔닝과 브랜드 성격을 정의하는 작업을 한다. 이 작업 후에는 로그, 태그라인, 브랜드 스토리 및 기타 자산을 비롯한 브랜드 정체성을 구축한다.
광고는 브랜드 개발 이후에 하는 작업이다.

59 앤소프(H. Ansoff)의 제품–시장 확장 매트릭스 중 다음 설명에 해당하는 전략은?

▶ 2025년 공인노무사

> • 기존 고객의 제품 사용률을 높임으로써 기업 성장을 추구한다.
> • 치약회사에서 '하루에 3번 양치질하기' 캠페인을 전개한다.

① 시장침투전략 ② 시장개발전략
③ 제품개발전략 ④ 원가우위전략
⑤ 다각화전략

해설 ① '하루에 3번 양치질하기' 등 기존 고객의 제품 사용률을 높이거나, 사용량을 늘리는 것은 시장침투전략이다.

〈참고〉 앤소프의 제품–시장 확장 매트릭스

구분		제품	
		기존	신규
시장	기존	시장침투전략	제품개발전략
	신규	시장개발전략	다각화전략

60 소비재 유형 중 선매품(shopping goods)에 관한 설명으로 옳은 것은? ▶ 2025년 공인노무사

① 브랜드마다 독특한 차별적 특성을 지니고 있으며, 대체재가 별로 없는 제품이다.
② 소비자의 구매 빈도가 매우 높고, 제품 구매에 최소한의 시간과 노력을 투입한다.
③ 의류, 가구, 가전제품 등의 내구재가 이에 속하며, 집중적 유통(intensive distribution) 전략이 적합하다.
④ 소비자가 능동적으로 구매하려고 하지 않기 때문에 판매를 위해서는 강도 높은 광고와 인적판매가 요구된다.
⑤ 소비자의 제품 구매 시 다양한 기준별로 신중하게 비교하는 경향을 나타내며, 비교를 도와주기 위한 다양한 판매지원이 이루어진다.

정답 56 ③ 57 ④ 58 ⑤ 59 ① 60 ⑤

해설 **오답해설**

① 브랜드마다 독특한 차별적 특성을 지니고 있으며, 대체재가 많은 제품이다.

② 소비자의 구매 빈도가 매우 높고, 제품 구매에 최소한의 시간과 노력을 투입하는 것은 편의품이다.

③ 의류, 가구, 가전제품 등의 내구재가 이에 속하며, 선택적 유통전략이 적합하다.

④ 소비자가 능동적으로 구매하려고 하기 때문에 판매를 위해서는 비교를 도와주기 위한 다양한 판매지원이 요구된다.

61 수직적 마케팅시스템(Vertical Marketing System)에 관한 설명으로 옳지 않은 것은?

▸ 2025년 공인노무사

① 경로구성원들에 대한 소유권 정도에 따라 관리형, 계약형, 기업형 VMS로 나누어진다.

② 도매상 후원 자발적 연쇄점, 소매상 협동조합, 프랜차이즈 시스템은 계약형 VMS에 속한다.

③ 제조업체가 도·소매상들을 소유하는 전방통합과 도·소매상들이 제조업체를 소유하는 후방통합이 기업형 VMS의 전형적 형태이다.

④ 관리형 VMS에서는 경로구성원들의 마케팅활동이 소유권이나 계약에 의하지 않으면서 경로리더의 규모와 파워에 의해 조정된다.

⑤ 기업형 VMS는 관리형 VMS보다 경로구성원들에 대한 관리가 쉽지 않아 이들에 대한 통제력이 더 약하다.

해설 ⑤ 기업형 VMS는 관리형 VMS보다 경로구성원들에 대한 관리가 쉽고 이들에 대한 통제력이 더 강하다.

62 로저스(E. Rogers)의 혁신제품 수용자 유형에 관한 설명으로 옳지 않은 것은?

▸ 2025년 공인노무사

① 혁신소비자(innovators), 조기수용자(early adopters), 조기다수자(early majority), 후기다수자(late majority), 후기수용자(late adopters)의 5개 집단으로 구분하였다.

② 혁신소비자는 신제품 수용의 위험을 기꺼이 감수하려는 성향을 보인다.

③ 조기수용자에 의한 긍정적 구전은 시장 확대의 성공요인이 된다.

④ 제품수명주기 상 도입기의 광고 전략은 혁신소비자에게 제품편익을 알리고 제품 및 브랜드 인지도 구축에 초점을 둔다.

⑤ 후기다수자는 신제품 수용에 의심이 많은 집단으로 잠재고객의 절반 이상이 구매한 이후에 구매하는 보수적 성향을 보인다.

해설 ① 로저스(E. Rogers)는 혁신제품 수용자 유형으로 혁신소비자(innovators, 2.5%), 조기수용자(early adopters, 13.5%), 조기다수자(early majority, 34%), 후기다수자(late majority, 34%), 느림보(지체)채택자(laggard, 16%)의 5개 집단으로 구분하였다.

63 제품의 기본가격을 조정하여 세분시장별로 가격을 달리하는 가격차별(price discrimination)에 해당하지 않는 것은?　　　　　　　▸2025년 공인노무사

① A 리조트는 성수기와 비수기에 따라 숙박 및 시설 이용료를 다르게 책정한다.
② B 미술관은 일반 관람객보다 학생이나 노인층에게 낮은 입장료를 책정한다.
③ C 공연장은 내부 좌석 위치에 따라 오페라 관람요금을 다르게 책정한다.
④ D 회사는 면도기에 대해서는 저가격을 책정하지만, 면도날에 대해서는 고가격을 책정하여 판매한다.
⑤ E 회사는 1리터 페트병에 담긴 생수는 1,500원에 판매하지만, 보습 스프레이 용기에 담긴 동량의 동일 생수는 15,000원에 판매한다.

해설 ④ 면도기에 대해서는 저가격을 책정하고, 보완재 관계인 면도날에 대해서 고가격을 책정하는 것은 포획제품가격(CPP)전략이다.

64 다음에 제시된 마케팅 관리철학을 발전 순서대로 나열한 것은?　　　▸2025년 공인노무사

> ㄱ. 소비자들의 제품 구매를 위해서는 적극적인 판매/촉진 노력이 필요하다.
> ㄴ. 고객욕구의 충족뿐만 아니라 사회 전체의 복리를 고려하여 장기적 이윤창출에 노력한다.
> ㄷ. 고객욕구를 파악하고 이를 경쟁사보다 더 잘 충족시키기 위해 모든 유형의 마케팅활동을 통합한다.
> ㄹ. 소비자들은 제품 구매 시 가격을 중시하므로, 대량생산을 통해 낮은 제품원가 실현에 노력한다.

① ㄱ → ㄷ → ㄹ → ㄴ　　　　　② ㄷ → ㄱ → ㄹ → ㄴ
③ ㄷ → ㄹ → ㄱ → ㄴ　　　　　④ ㄹ → ㄱ → ㄷ → ㄴ
⑤ ㄹ → ㄷ → ㄱ → ㄴ

해설 ④ ㄹ(생산 개념) → ㄱ(판매 개념) → ㄷ(마케팅 개념) → ㄴ(사회 개념)

정답　61 ⑤　62 ①　63 ④　64 ④

PART 02
재무관리

PART 02 재무관리

01 투자안의 경제성 분석을 위한 자본예산기법에 관한 설명으로 옳은 것을 모두 고른 것은?

▶ 2010년 공인노무사

> ㄱ. 독립적인 투자안의 경우, 순현재가치법에서는 투자안의 순현재가치가 투자 비용보다 크면 채택한다.
> ㄴ. 순현재가치법과 내부수익률법은 화폐의 시간적 가치를 고려한다.
> ㄷ. 내부수익률법에서 내부수익률은 투자로부터 기대되는 현금유입의 현가와 현금유출의 현가를 같게 하는 할인율이다.
> ㄹ. 상호배타적인 투자안의 경우 순현재가치법과 내부수익률법은 상반된 결론이 나올 수도 있다.

① ㄱ, ㄴ
② ㄴ, ㄷ
③ ㄱ, ㄷ, ㄹ
④ ㄴ, ㄷ, ㄹ
⑤ ㄱ, ㄴ, ㄷ, ㄹ

해설 오답해설

ㄱ. 독립적인 투자안의 경우, 순현재가치법에서는 투자안의 순현재가치가 0보다 크면 채택한다.

02 기업의 배당정책에 영향을 미치는 요인으로 가장 거리가 먼 것은?

▶ 2011년 공인노무사

① 기업의 유동성
② 시장의 경쟁상태
③ 새로운 투자기회
④ 부채상환의 의무
⑤ 기업의 지배권

해설 기업의 배당정책은 배당가능이익의 배당(즉, 사외 유출)과 유보(즉, 사내 유보, ③ 재투자)로 구분하는 의사결정이며, 자본 비용의 크기(즉, 대변) 및 기업의 유동성(①, ④)에 영향을 준다. 한편, 배당의 크기 결정은 주주들(⑤)의 판단에 따라 달라질 수 있다.

오답해설

시장의 경쟁 상태(②)는 영업활동(즉, 차변)에 영향을 주는 요소이다.

03 자기자본과 타인자본이 차지하는 비중이 5:5이며, 자기자본비용은 12%이고, 타인자본비용은 10%이다. 법인세율 50%를 가정하여 가중평균자본비용(WACC)을 계산하면? (단, 이자비용의 세금절감 효과는 자본비용에 반영함) ▸ 2011년 공인노무사

① 8.5% ② 9.5%
③ 10.5% ④ 12.5%
⑤ 14.5%

해설 가중평균자본비용(WACC, ko) $= kd(1 - tc)\dfrac{B}{S+B} + ke\dfrac{S}{S+B}$

$$= 10(1 - 0.5) \times 0.5 + 12 \times 0.5 = 8.5\%$$

단, kd = 타인자본비용(10%)
ke = 자기자본비용(12%)
tc = 법인세율(50%)

04 투자안의 평가방법에 관한 설명으로 옳지 않은 것은? ▸ 2011년 공인노무사

① 순현재가치(NPV)법에서 투자안의 NPV가 0보다 크면 투자안을 채택한다.
② 수익성지수(PI)법에서 투자안의 PI가 0보다 크면 투자안을 채택한다.
③ 내부수익률(IRR)법에서 투자안의 IRR이 자본비용보다 크면 투자안을 채택한다.
④ 회계이익률법에서 투자안의 회계이익률이 목표회계이익률보다 크면 투자안을 채택한다.
⑤ 회수기간법에서 투자안의 회수기간이 목표회수기간보다 짧으면 투자안을 채택한다.

해설 ② 수익성지수(PI)법에서 투자안의 PI가 1보다 크면 투자안을 채택한다.

05 자본시장선(CML)과 증권시장선(SML)에 관한 설명으로 옳은 것은? ▸ 2012년 공인노무사

① 자본시장선을 이용하여 타인자본 비용을 산출할 수 있다.
② 자본시장선을 이용하여 비효율적 포트폴리오의 균형가격을 산출할 수 있다.
③ 자본시장선은 위험자산만을 고려할 경우의 효율적 투자기회선이다.
④ 증권시장선은 포트폴리오 기대수익률과 포트폴리오 표준편차 간의 선형관계를 나타낸다.
⑤ 증권시장선 위에 존재하는 주식은 주가가 과소평가된 주식이다.

해설 ⑤ 증권시장선(SML) 위에 존재하는 주식은 과소평가된 주식이고, 아래에 존재하는 주식은 과대평가된 주식이다.

정답 01 ④ 02 ② 03 ① 04 ② 05 ⑤

① 증권시장선(SML)을 이용하여 타인자본 비용을 산출할 수 있다.
② 증권시장선(SML)을 이용하여 비효율적 포트폴리오의 균형가격을 산출할 수 있다. 자본시장선
   (CML)은 효율적 포트폴리오만의 균형가격을 산출할 수 있다.
③ 자본시장선(CML)은 무위험자산을 고려할 경우의 효율적 투자기회선이다.
④ 자본시장선(CML)은 포트폴리오 기대수익률과 포트폴리오 표준편차 간의 선형관계를 나타낸다.
   증권시장선(SML)은 모든 자산의 기대수익률과 체계적 위험 간의 선형관계를 나타낸다.

06 자본예산기법과 포트폴리오에 관한 설명으로 옳지 않은 것은?
▶ 2012년 공인노무사

① 포트폴리오의 분산은 각 구성주식의 분산을 투자비율로 가중평균하여 산출한다.
② 비체계적 위험은 분산투자를 통해 제거할 수 있는 위험이다.
③ 단일 투자안의 경우 순현가법과 내부수익률법의 경제성 평가 결과는 동일하다.
④ 포트폴리오 기대수익률은 각 구성주식의 기대수익률을 투자비율로 가중평균하여 산출한다.
⑤ 두 투자안 중 하나의 투자안을 선택해야 하는 경우 순현가법과 내부수익률법의 선택 결
   과가 다를 수 있다.

해설 오답해설
① 포트폴리오의 분산은 각 구성주식의 분산을 투자비율로 가중평균하고, 개별자산 간의 공분산을
   투자비율로 가중평균한 값을 추가로 반영하여 산출한다.

07 A주식의 금년도 말 1주당 배당금은 1,100원으로 추정되며, 이후 배당금은 매년 10%씩 증가할 것으로 예상된다. A주식에 대한 요구수익률이 15%일 경우, 고든(M.J. Gordon)의 항상성장모형에 의한 A주식의 1주당 현재가치는?
▶ 2012년 공인노무사

① 4,400원
② 7,333원
③ 11,000원
④ 22,000원
⑤ 23,000원

해설 고든의 항상성장모형에 의한 1주당 현재가치(P_0) $= \dfrac{D_1}{k_e - g} = \dfrac{1,100원}{0.15 - 0.1} = 22,000원$

단. D_1 = 기말 1주당 배당금(1,100원)
k_e = 요구수익률(15%)
g = 일정한 성장률(10%)

08 옵션에 관한 설명으로 옳지 않은 것은? ▸2013년 공인노무사

① 옵션이란 약정된 기간 동안에 미리 정해진 가격으로 약정된 증권이나 상품 등을 사거나 팔 수 있는 권리이다.
② 콜옵션은 약정된 증권이나 상품 등을 팔 수 있는 권리이다.
③ 유럽형 옵션은 만기에만 권리를 행사할 수 있다.
④ 옵션은 위험 회피를 위한 유용한 수단이다.
⑤ 기초자산이란 옵션의 근간이 되는 자산을 의미한다.

해설 ② 콜옵션은 약정된 증권이나 상품 등을 살 수 있는 권리이다. 약정된 증권이나 상품 등을 팔 수 있는 권리는 풋옵션이다.

09 현재 100,000원을 연 10% 확정된 복리이자로 은행에 예금할 경우 2년 후 미래가치는?
  ▸2013년 공인노무사

① 110,000원   ② 111,000원
③ 120,000원   ④ 121,000원
⑤ 122,000원

해설 2년 후 미래가치 = $100,000원(1 + 0.1)^2$ = 121,000원

10 투자안 분석기법으로서의 순현가(NPV)법에 관한 설명으로 옳은 것은? ▸2013년 공인노무사

① 순현가는 투자의 결과 발생하는 현금유입의 현재가치에서 현금유입의 미래가치를 차감한 것이다.
② 순현가법에서는 수익과 비용에 의하여 계산한 회계적 이익을 사용한다.
③ 순현가법에서는 투자안의 내용연수 동안 발생할 미래의 모든 현금흐름을 반영한다.
④ 순현가법에서는 현금흐름을 최대한 큰 할인율로 할인한다.
⑤ 순현가법에서는 투자의 결과 발생하는 현금유입이 투자안의 내부수익률로 재투자될 수 있다고 가정한다.

해설 **오답해설**
① 순현가는 투자의 결과 발생하는 현금유입의 현재가치에서 현금유출의 현재가치를 차감한 것이다.
② 순현가법에서는 현금흐름을 사용한다.

정답 06 ① 07 ④ 08 ② 09 ④ 10 ③

④ 순현가법에서는 현금흐름을 자본비용(즉, 분자 현금흐름의 위험이 반영된 할인율)으로 할인한다.

⑤ 순현가법에서는 투자의 결과 발생하는 현금유입이 투자안의 자본비용으로 재투자될 수 있다고 가정한다.

11 투자안의 경제성 평가방법에 관한 설명으로 옳은 것은?

▸2014년 공인노무사

① 회계적이익률법은 화폐의 시간적 가치를 고려한다.

② 회수기간법은 회수기간 이후의 현금흐름을 고려한다.

③ 내부수익률법은 평균이익률법이라고도 한다.

④ 순현재가치법에서는 가치의 가산원리가 적용된다.

⑤ 수익성지수법은 수익성지수가 0보다 커야 경제성이 있다.

해설 **오답해설**

① 회계적이익률법은 화폐의 시간적 가치를 고려하지 못한다.

② 회수기간법은 회수기간 이후의 현금흐름을 고려하지 못한다.

③ 회계적이익률법은 평균이익률법이라고도 한다.

⑤ 수익성지수법은 수익성지수가 1보다 커야 경제성이 있다.

12 선물거래에 관한 설명으로 옳은 것은?

▸2014년 공인노무사

① 계약당사자 간 직접거래가 이루어진다.

② 계약조건이 표준화되어 있지 않다.

③ 결제소에 의해 일일정산이 이루어진다.

④ 장외시장에서 거래가 이루어진다.

⑤ 계약불이행 위험이 커서 계약당사자의 신용이 중요하다.

해설 **오답해설**

① 선물거래는 계약당사자 간 직접거래가 이루어지는 것이 아니라, 청산소가 거래의 상대방 역할을 한다. 그러므로 항상 거래의 이행이 보장된다.

② 계약조건이 표준화되어 있다.

④ 선물거래소에서 거래가 이루어진다.

⑤ 증거금 제도와 일일정산 제도에 의해 계약불이행 위험이 낮으므로, 계약당사자의 신용이 중요하지 않다.

13 마코위츠(Markowitz)가 제시한 포트폴리오 이론의 가정으로 옳은 것은? ▸2014년 공인노무사

① 투자자들은 기대수익극대화를 추구한다.
② 거래비용과 세금을 고려한다.
③ 투자자들은 포트폴리오 구성 시 무위험자산을 고려한다.
④ 완전자본시장이 고려된다.
⑤ 투자자들은 투자대상의 미래수익률 확률분포에 대하여 같은 예측을 한다.

> **해설**　**오답해설**
> ① 투자자들은 기대효용극대화를 추구한다.
> ② 거래비용과 세금을 고려하지 않는다.
> ③ 투자자들은 포트폴리오 구성 시 무위험자산을 고려하지 않는다.
> ④ 완전자본시장을 고려하지 않는다.

14 투자안의 순현가를 0으로 만드는 수익률(할인율)은? ▸2015년 공인노무사

① 초과수익률　　　　　　　　② 실질수익률
③ 경상수익률　　　　　　　　④ 내부수익률
⑤ 명목수익률

> **해설**　④ 투자안의 순현가를 0으로 만드는 수익률(할인율)은 내부수익률(IRR)이다.

15 매년 말 200만원을 영원히 지급받는 영구연금의 현재가치는? (단, 연간이자율은 10%)
▸2015년 공인노무사

① 1,400만원　　　　　　　　② 1,600만원
③ 1,800만원　　　　　　　　④ 2,000만원
⑤ 2,200만원

> **해설**　영구연금의 현재가치(P_0) $= \dfrac{C}{r} = \dfrac{200만원}{0.1} = 2,000만원$

16 주식에 관한 설명으로 옳지 않은 것은?

▶ 2016년 공인노무사

① 기업의 이익 중 일부를 주주에게 분배하는 것을 배당이라 한다.
② 기업은 발행한 보통주에 대한 상환의무를 갖지 않는다.
③ 주식은 자금조달이 필요한 경우 추가로 발행될 수 있다.
④ 모든 주식은 채권과 달리 액면가가 없다.
⑤ 주주는 투자한 금액 내에서 유한책임을 진다.

해설 ④ 대부분의 주식은 액면가가 있다.

17 다음에서 증권시장선(SML)을 이용하여 A주식의 균형기대수익률을 구한 값은?

▶ 2017년 공인노무사

> • 무위험이자율 : 5%
> • 시장포트폴리오 기대수익률 : 10%
> • A주식의 베타 : 1.2

① 5% ② 7%
③ 9% ④ 11%
⑤ 13%

해설 증권시장선(SML)의 균형기대수익률 $= R_f + [E(R_m) - R_f] \times \beta_A$
$$= 5 + (10 - 5)(1.2) = 11\%$$

단, R_f = 무위험이자율(5%)
$E(R_m)$ = 시장포트폴리오 기대수익률(10%)
β_A = A주식의 베타(1.2)

18 자본자산가격결정모형(CAPM)의 가정으로 옳지 않은 것은?

▶ 2017년 공인노무사

① 투자자는 위험회피형 투자자이며 기대효용 극대화를 추구한다.
② 무위험자산이 존재하며, 무위험이자율로 무제한 차입 또는 대출이 가능하다.
③ 세금과 거래비용이 존재하는 불완전 자본시장이다.
④ 투자자는 평균-분산 기준에 따라 포트폴리오를 선택한다.
⑤ 모든 투자자는 투자대상의 미래 수익률의 확률분포에 대하여 동질적 예측을 한다.

해설 ③ 자본자산가격결정모형(CAPM)은 세금과 거래비용이 존재하지 않는 완전 자본시장을 가정한다.

19 자본시장선(CML)에 관한 설명으로 옳은 것을 모두 고른 것은? ▸2017년 공인노무사

> ㄱ. 위험자산과 무위험자산을 둘 다 고려할 경우의 효율적 투자 기회선이다.
> ㄴ. 자본시장선 아래에 위치하는 주식은 주가가 과소평가된 주식이다.
> ㄷ. 개별주식의 기대수익률과 체계적 위험 간의 선형관계를 나타낸다.
> ㄹ. 효율적 포트폴리오의 균형가격을 산출하는데 필요한 할인율을 제공한다.

① ㄱ, ㄴ　　　　　　　　　② ㄴ, ㄷ
③ ㄱ, ㄹ　　　　　　　　　④ ㄷ, ㄹ
⑤ ㄴ, ㄷ, ㄹ

해설 오답해설
　　ㄴ. 자본시장선(CML) 아래에 위치하는 포트폴리오는 비효율적 포트폴리오이다. 증권시장선(SML) 아래에 위치하는 주식의 수익률은 과소평가, 즉 주가는 과대평가된 주식이다.
　　ㄷ. 자본시장선(CML)은 효율적 포트폴리오의 기대수익률과 총위험(σ) 간의 선형관계를 나타낸다. 개별주식의 기대수익률과 체계적 위험(β) 간의 선형관계를 나타내는 것은 증권시장선(SML)이다.

20 A기업은 액면가액 10,000원, 만기 2년, 액면이자율 연 3%인 채권을 발행하였다. 시장이자율이 연 2%라면, 이 채권의 이론가격은? (단, 가격은 소수점 첫째 자리에서 반올림한다.) ▸2018년 공인노무사

① 9,194원　　　　　　　　② 9,594원
③ 10,194원　　　　　　　④ 10,594원
⑤ 10,994원

해설
$$채권의 \ 이론가격 = \frac{I}{(1+k_d)} + \frac{I+F}{(1+k_d)^2}$$
$$= \frac{300원}{(1+0.02)} + \frac{300원+10,000원}{(1+0.02)^2} = 10,194원$$

단, F = 액면가액(10,000원)
　　I = 액면이자(액면가액 10,000원 × 액면이자율 연 3% = 300원)
　　k_d = 시장이자율(연 2%)

정답　16 ④　17 ④　18 ③　19 ③　20 ③

21 자본예산은 투자로 인한 수익이 1년 이상에 걸쳐 장기적으로 실현될 투자결정에 관한 일련의 과정을 말한다. 투자안의 평가방법에 해당하지 않는 것은? ▸ 2018년 공인노무사

① 유동성분석법 ② 수익성지수법
③ 순현재가치법 ④ 내부수익률법
⑤ 회수기간법

해설 ① 유동성분석법은 재무비율 분석 기법이다.

22 A기업은 2019년 1월 1일에 150만원을 투자하여 2019년 12월 31일과 2020년 12월 31일에 각각 100만원을 회수하는 투자안을 고려하고 있다. A기업의 요구수익률이 연 10%일 때, 이 투자안의 순현재가치(NPV)는 약 얼마인가? (단, 연 10% 기간이자율에 대한 2기간 단일현가계수와 연금현가계수는 각각 0.8264, 1.7355이다.) ▸ 2018년 공인노무사

① 90,910원 ② 173,550원
③ 182,640원 ④ 235,500원
⑤ 256,190원

해설 순현재가치(NPV) = 현금유입의 현재가치 − 현금유출의 현재가치

$$= \frac{100만원}{(1+0.1)} + \frac{100만원}{(1+0.1)^2} - 150만원$$
$$= 1{,}000{,}000 \times 1.7355 - 1{,}500{,}000$$
$$= 235{,}500원$$

23 투자안의 경제성분석방법 중 화폐의 시간가치를 고려한 방법을 모두 고른 것은? ▸ 2019년 공인노무사

ㄱ. 회수기간법	ㄴ. 수익성지수법
ㄷ. 회계적이익률법	ㄹ. 순현재가치법
ㅁ. 내부수익률법	

① ㄱ, ㄴ ② ㄱ, ㄹ
③ ㄴ, ㄷ ④ ㄴ, ㄹ, ㅁ
⑤ ㄷ, ㄹ, ㅁ

해설 **오답해설**

ㄱ. 회수기간법, ㄷ. 회계적이익률법은 화폐의 시간가치를 고려하지 않는 방법이다.

24 ㈜한국의 자기자본 시장가치와 타인자본 시장가치는 각각 5억원이다. 자기자본비용은 16%이고, 세전타인자본비용은 12%이다. 법인세율이 50%일 때 ㈜한국의 가중평균자본비용(WACC)은?

▸ 2019년 공인노무사

① 6%   ② 8%

③ 11%   ④ 13%

⑤ 15%

해설 가중평균자본비용(WACC, ko) = $kd(1-tc)\dfrac{B}{S+B} + ke\dfrac{S}{S+B}$

$$= 12(1 - 0.5) \times 0.5 + 16 \times 0.5 = 11\%$$

단, kd = 세전 타인자본비용(12%)

ke = 자기자본비용(16%)

tc = 법인세율(50%)

25 선물거래에 관한 설명으로 옳지 않은 것은?

▸ 2020년 공인노무사

① 조직화된 공식시장에서 거래가 이루어진다.

② 다수의 불특정 참가자가 자유롭게 시장에 참여한다.

③ 거래대상, 거래단위 등의 거래조건이 표준화되어 있다.

④ 계약의 이행을 보증하려는 제도적 장치로 일일정산, 증거금 등이 있다.

⑤ 반대매매를 통한 중도청산이 어려워 만기일에 실물의 인수·인도가 이루어진다.

해설 ⑤ 반대매매를 통한 중도청산이 어려워 만기일에 실물의 인수·인도가 이루어지는 것은 선도거래이다.

정답 21 ① 22 ④ 23 ④ 24 ③ 25 ⑤

26 다음에서 설명하는 투자안의 경제적 평가방법은?

▸2020년 공인노무사

> • 투자안으로부터 예상되는 미래 기대현금 유입액의 현재가치와 기대현금 유출액의 현재가치를 일치시키는 할인율을 구한다.
> • 산출된 할인율, 즉 투자수익률을 최소한의 요구수익률인 자본비용 또는 기회비용과 비교하여 투자안의 채택여부를 결정한다.

① 순현가법
② 수익성지수법
③ 회수기간법
④ 내부수익률법
⑤ 평균회계이익률법

해설 ④ 투자안으로부터 예상되는 미래 기대현금 유입액의 현재가치와 기대현금 유출액의 현재가치를 일치시키는 할인율은 내부수익률(IRR)이다. 내부수익률법은 산출된 할인율, 즉 투자수익률(IRR)을 최소한의 요구수익률인 자본비용 또는 기회비용과 비교하여 투자안의 채택여부를 결정한다.

27 K사는 A, B, C 세 투자안을 검토하고 있다. 모든 투자안의 내용연수는 1년으로 동일하며, 투자안의 자본비용은 10%이다. 투자액은 투자 실행 시 일시에 지출되며 모든 현금흐름은 기간 말에 발생한다. 투자안의 투자액과 순현재가치(NPV)가 다음과 같을 경우 내부수익률(IRR)이 높은 순서대로 나열한 것은?

▸2021년 공인노무사

투자안	A	B	C
투자액	100억원	200억원	250억원
순현재가치	20억원	30억원	40억원

① A, B, C
② A, C, B
③ B, A, C
④ C, A, B
⑤ C, B, A

해설 내부수익률(IRR)은 그 투자안의 고유한 수익률을 말하며, 단일기간의 경우 암산으로 수익률을 구하면 된다.

• 투자안 A의 수익률 $= \dfrac{20}{100} = 0.2(20\%)$

• 투자안 B의 수익률 $= \dfrac{30}{200} = 0.15(15\%)$

• 투자안 C의 수익률 $= \dfrac{40}{250} = 0.16(16\%)$

∴ 내부수익률(IRR)이 높은 순서 : A > C > B

28 증권시장선(SML)과 자본시장선(CML)에 관한 설명으로 옳지 않은 것은? ▸2021년 공인노무사

① 증권시장선의 기울기는 표준편차로 측정된 위험 1단위에 대한 균형가격을 의미한다.

② 증권시장선 아래에 위치한 자산은 과대평가된 자산이다.

③ 자본시장선은 효율적 자산의 기대수익률과 표준편차의 선형관계를 나타낸다.

④ 자본시장선에 위치한 위험자산은 무위험자산과 시장포트폴리오의 결합으로 구성된 자산이다.

⑤ 자본시장선에 위치한 위험자산과 시장포트폴리오의 상관계수는 1이다.

해설 ① 증권시장선(SML)의 기울기는 체계적 위험으로 측정된 위험 1단위에 대한 균형가격을 의미한다. 자본시장선(CML)의 기울기는 표준편차로 측정된 위험(즉, 총 위험) 1단위에 대한 균형가격을 의미한다.

29 올해 말(t = 1)에 예상되는 A사 보통주의 주당 배당금은 1,000원이며, 이후 배당금은 매년 10%씩 영구히 증가할 것으로 기대된다. 현재(t = 0) A사 보통주의 주가(내재가치)가 10,000원이라고 할 경우 이 주식의 자본비용은? ▸2021년 공인노무사

① 10%   ② 15%

③ 20%   ④ 25%

⑤ 30%

해설 주식의 자본비용 $= \dfrac{D_1}{P_0} + g = \dfrac{1,000원}{10,000원} + 0.1 = 0.2(20\%)$

단, D_1 = 기말에 예상되는 주당 배당금(1,000원)

P_0 = 현재의 주가(10,000원)

g = 일정한 성장률(10%)

30 주식 A와 B의 기대수익률은 각각 10%, 20%이다. 총 투자자금 중 40%를 주식 A에, 60%를 주식 B에 투자하여 구성한 포트폴리오 P의 기대수익률은? ▸2021년 공인노무사

① 15%   ② 16%

③ 17%   ④ 18%

⑤ 19%

정답 26 ④   27 ②   28 ①   29 ③   30 ②

해설 포트폴리오 P의 기대수익률 = w_a × $E(R_A)$ + w_b × $E(R_B)$
= (0.4)(10) + (0.6)(20)
= 16%

단, w_a = 주식 A에의 투자비율(40%)
w_b = 주식 B에의 투자비율(60%)
$E(R_A)$ = 주식 A의 기대수익률(10%)
$E(R_B)$ = 주식 B의 기대수익률(20%)

31 증권시장선(SML)에 관한 설명으로 옳은 것을 모두 고른 것은?

▶ 2022년 공인노무사

ㄱ. 개별주식의 기대수익률과 체계적 위험 간의 선형관계를 나타낸다.
ㄴ. 효율적 포트폴리오에 한정하여 균형가격을 산출할 수 있다.
ㄷ. 증권시장선보다 상단에 위치하는 주식은 주가가 과소평가된 주식이다.
ㄹ. 증권시장선은 위험자산만을 고려할 경우 효율적 투자기회선이다.

① ㄱ, ㄴ
② ㄱ, ㄷ
③ ㄱ, ㄹ
④ ㄴ, ㄷ
⑤ ㄷ, ㄹ

해설 **오답해설**

ㄴ. 효율적 포트폴리오에 한정하여 균형가격을 산출할 수 있는 것은 자본시장선(CML)이다. 증권시장선(SML)은 모든(개별주식, 효율적 포트폴리오, 비효율적 포트폴리오 등) 자산의 균형가격을 산출할 수 있다.
ㄹ. 증권시장선은 무위험자산도 고려할 경우 균형가격선이다. 위험자산만을 고려할 경우 효율적 투자기회선은 효율적 포트폴리오이다.

32 투자안의 경제성 평가 방법에 관한 설명으로 옳은 것은?

▶ 2022년 공인노무사

① 회계적이익률법의 회계적이익률은 연평균 영업이익을 연평균 매출액으로 나누어 산출한다.
② 회수기간법은 회수기간 이후의 현금흐름을 고려한다.
③ 순현재가치법은 재투자수익률을 내부수익률로 가정한다.
④ 내부수익률법에서 개별투자안의 경우 내부수익률이 0보다 크면 경제성이 있다.
⑤ 수익성지수법에서 개별투자안의 경우 수익성 지수가 1보다 크면 경제성이 있다.

해설 **오답해설**

① 회계적이익률법의 회계적이익률은 연간 영업이익을 연평균 투자액으로 나누어 산출한다.

② 회수기간법은 회수기간 이후의 현금흐름을 고려하지 않는다.
③ 순현재가치법은 재투자수익률을 자본비용으로 가정한다.
④ 내부수익률법에서 개별투자안의 경우 내부수익률이 자본비용보다 크면 경제성이 있다.

33 A주식에 대한 분산은 0.06이고, B주식에 대한 분산은 0.08이다. A주식의 수익률과 B주식의 수익률 간의 상관계수가 0인 경우, 총 투자자금 중 A주식과 B주식에 절반씩 투자한 포트폴리오의 분산은? ▸ 2022년 공인노무사

① 0.025 ② 0.035
③ 0.045 ④ 0.055
⑤ 0.065

해설
$$\sigma_p^2 = w_A^2 \cdot \sigma_A^2 + w_B^2 \cdot \sigma_B^2 + 2w_A \cdot w_B \cdot \sigma_{AB}$$
$$= (0.06)(0.5)^2 + 0.08(0.5)^2 + 2(0.5)(0.5)(0) = 0.035$$

34 적대적 M&A의 방어전략 중 다음에서 설명하는 것은? ▸ 2023년 공인노무사

> 피인수기업의 기존 주주에게 일정조건이 충족되면 상당히 할인된 가격으로 주식을 매입할 수 있는 권리를 부여함으로써, 적대적 M&A를 시도하려는 세력에게 손실을 가하고자 한다.

① 백기사(white knight) ② 그린메일(green mail)
③ 황금낙하산(golden parachute) ④ 독약조항(poison pill)
⑤ 왕관보석(crown jewel)

해설 피인수기업의 기존 주주에게 일정조건이 충족되면 상당히 할인된 가격으로 주식을 매입할 수 있는 권리를 부여함으로써, 적대적 M&A를 시도하려는 세력에게 손실을 가하고자 하는 것은 독약조항(poison pill)이다.

정답 31 ② 32 ⑤ 33 ② 34 ④

35

금년 초에 5,000원의 배당($=d_0$)을 지급한 A기업의 배당은 매년 영원히 5%로 일정하게 성장할 것으로 예상된다. 요구수익률이 10%일 경우 이 주식의 현재가치는? ▸2024년 공인노무사

① 50,000원
② 52,500원
③ 100,000원
④ 105,000원
⑤ 110,000원

해설 $P_0 = \dfrac{d_1}{k_e - g} = \dfrac{d_0(1+g)}{k_e - g} = \dfrac{5,000(1+0.05)}{0.1 - 0.05} = 105,000원$

36

자본시장선(CML)과 증권시장선(SML)에 관한 설명으로 옳지 않은 것은? ▸2024년 공인노무사

① 증권시장선보다 아래에 위치하는 주식은 주가가 과대평가된 주식이다.
② 자본시장선은 개별위험자산의 기대수익률과 체계적 위험(베타) 간의 선형관계를 설명한다.
③ 자본시장선상에는 비체계적 위험을 가진 포트폴리오가 놓이지 않는다.
④ 동일한 체계적 위험(베타)을 가지고 있는 자산이면 증권시장선 상에서 동일한 위치에 놓인다.
⑤ 균형상태에서 모든 위험자산의 체계적 위험(베타) 대비 초과수익률(기대수익률 $[E(r_i)]$ − 무위험수익률 $[r_f]$)이 동일하다.

해설 ② 자본시장선(CML)은 효율적 포트폴리오의 기대수익률과 총 위험(시그마) 간의 선형관계를 설명한다. 개별위험자산의 기대수익률과 체계적 위험(베타) 간의 선형관계를 설명하는 것은 증권시장선(SML)이다.

37

투자안의 경제성 분석방법에 관한 설명으로 옳은 것은? ▸2024년 공인노무사

① 투자형 현금흐름의 투자안에서 내부수익률은 투자수익률을 의미한다.
② 화폐의 시간가치를 고려하는 분석방법은 순현재가치법이 유일하다.
③ 순현재가치법에서는 가치가산의 원칙이 성립하지 않는다.
④ 내부수익률법에서는 재투자수익률을 자본비용으로 가정한다.
⑤ 수익성지수법은 순현재가치법과 항상 동일한 투자선택의 의사결정을 한다.

해설 **오답해설**
② 화폐의 시간가치를 고려하는 분석방법은 순현재가치법, 내부수익률법, 수익성지수법이 있다.
③ 순현재가치법에서는 가치가산의 원칙이 성립한다.
④ 내부수익률법에서는 재투자수익률을 내부수익률로 가정한다.
⑤ 수익성지수법은 단일, 독립적인 투자안의 경우 순현재가치법과 항상 동일한 투자선택의 의사결정을 한다.

38 다음 채권의 듀레이션은? (단, 소수점 셋째 자리에서 반올림한다.) ▸ 2024년 공인노무사

> • 액면가액 1,000원
> • 액면이자율 연 10%, 매년 말 이자지급
> • 만기 2년
> • 만기수익률 연 12%

① 1.75년 　　　　　② 1.83년
③ 1.87년 　　　　　④ 1.91년
⑤ 2.00년

해설 $D = \Sigma t \times \dfrac{C_t}{P_0} = 1 \times \dfrac{89.286}{966.199} + 2 \times \dfrac{876.913}{966.199} = 1.908 \fallingdotseq 1.91$

단, $P_0 = \dfrac{C_1}{1+YTM} + \dfrac{C_2+F}{(1+YTM)^2}$

$\quad\quad = \dfrac{100}{1+0.12} + \dfrac{100+1,000}{(1+0.12)^2}$

$\quad\quad = 89.286 + 876.913 = 966.199$

39 시장포트폴리오와 상관계수가 1인 포트폴리오 P의 기대수익률과 표준편차는 각각 24%와 30%이다. 시장포트폴리오의 표준편차는 20%이고, 무위험이자율은 3%이다. 자본자산가격 결정모형(CAPM)이 성립할 경우 시장포트폴리오의 기대수익률은? ▸ 2025년 공인노무사

① 13% 　　　　　② 15%
③ 17% 　　　　　④ 19%
⑤ 21%

해설 증권시장선(SML)의 균형기대수익률

$\quad E(R_p) = R_f + [E(R_m) - R_f] \times \beta_P$

$\quad\quad\quad = 3 + [E(R_m) - 3](\,1.5\,) = 24$

$\quad \therefore E(R_m) = 17\%$

단, R_f = 무위험이자율(3%)

$\quad E(R_p)$ = 포트폴리오 P의 기대수익률(24%)

$\quad E(R_m)$ = 시장포트폴리오 기대수익률

$\quad \beta_P = $ 포트폴리오 P의 베타 $= \dfrac{\sigma_{PM}}{\sigma_M^2} = \rho_{PM}\dfrac{\sigma_P}{\sigma_M} = (1)\dfrac{0.3}{0.2} = 1.5$

정답　35 ④　36 ②　37 ①　38 ④　39 ③

40 주식 A와 B의 기대수익률은 각각 10%와 20%이다. 이들 주식을 결합하여 기대수익률이 16%인 포트폴리오를 구성할 경우 주식 A의 투자비율은? ▸2025년 공인노무사

① 30%
② 40%
③ 50%
④ 60%
⑤ 70%

해설 $E(R_p) = w_a \cdot E(R_a) + w_b \cdot E(R_b)$
$16 = w_a \cdot (10) + (1 - w_a) \cdot (20)$
$\therefore w_a = 0.4$(즉, 40%)

41 다음 설명에 해당하는 금융상품은? ▸2025년 공인노무사

> 특정자산을 미리 정해진 가격으로 지정된 날짜 또는 그 이전에 사거나 팔 수 있는 권리가 부여된 계약

① 옵션
② 선물
③ 주식
④ 채권
⑤ 스왑

해설 ① 특정자산을 미리 정해진 가격으로 지정된 날짜 또는 그 이전에 사거나 팔 수 있는 권리가 부여된 계약은 옵션이다.

42 자본시장선(CML)과 증권시장선(SML)에 관한 설명으로 옳지 않은 것은? ▸2025년 공인노무사

① 자본시장선은 효율적 자산의 총위험과 기대수익률의 관계를 나타낸다.
② 자본시장선의 기울기는 시장포트폴리오의 기대수익률에서 무위험수익률을 차감한 값과 같다.
③ 증권시장선을 이용하면 비효율적인 자산의 균형 기대수익률을 구할 수 있다.
④ 효율적 포트폴리오인 시장포트폴리오의 베타는 1이다.
⑤ 증권시장선 아래에 위치하는 자산은 과대평가된 자산이다.

해설 ② 증권시장선(SML)의 기울기는 시장포트폴리오의 기대수익률에서 무위험수익률을 차감한 값과 같다. 자본시장선(CML)의 기울기는 시장포트폴리오의 기대수익률에서 무위험수익률을 차감한 값을 시장포트폴리오의 위험으로 나눈 값과 같다.

43 K사는 현재 A, B, C 투자안을 검토하고 있다. 모든 투자안의 내용연수는 서로 동일하고, 투자액은 투자 시점에서 일시에 발생하며 투자 이후엔 현금유입이 발생한다. 투자안의 투자액 및 수익성지수(PI)가 다음과 같은 경우 투자안의 순현재가치(NPV)를 비교한 것으로 옳은 것은?

▸ 2025년 공인노무사

투자안	A	B	C
투자액(억원)	200	300	400
수익성지수	1.5	1.2	1.3

① A > B > C
② A > C > B
③ B > A > C
④ C > A > B
⑤ C > B > A

해설

투자안	A	B	C
투자액(억원) = 유출의 현재가치(a)	200	300	400
수익성지수	1.5	1.2	1.3
유입의 현재가치(b)	300	360	520
순현재가치(NPV) = b − a	100	60	120
순현재가치(NPV) 크기의 순위	2	3	1

44 K사는 올해 말(t = 1)에 주당 2,000원의 배당금을 지급할 것으로 기대되고, 이후 배당금은 매년 10%씩 영구히 성장할 것으로 예상된다. 현재(t = 0) K사 주식의 가격이 10,000원일 경우 이 주식의 요구수익률(자본비용)은? (단, 주식의 현재 가격은 이론적 주가와 동일하다고 가정한다.)

▸ 2025년 공인노무사

① 15%
② 20%
③ 25%
④ 30%
⑤ 35%

해설 주식의 요구수익률(자본비용) $= \dfrac{D_1}{P_0} + g = \dfrac{2,000}{10,000} + 0.1 = 0.3(30\%)$

정답 40 ② 41 ① 42 ② 43 ④ 44 ④

PART 03
회계학

PART 03 회계학

01 영업활동을 통한 현금흐름에 해당되는 것은?

▸ 2010년 공인노무사

① 재화와 용역의 구입에 따른 현금유출
② 유형자산 처분에 따른 현금유입
③ 제3자에 대한 대여금
④ 주식이나 기타 지분상품의 발행에 따른 현금유입
⑤ 차입금의 상환에 따른 현금유출

해설 **오답해설**

② 유형자산 처분에 따른 현금유입은 투자활동을 통한 현금흐름에 해당한다.
③ 제3자에 대한 대여금은 투자활동을 통한 현금흐름에 해당한다.
④ 주식이나 기타 지분상품의 발행에 따른 현금유입은 재무활동을 통한 현금흐름에 해당한다.
⑤ 차입금의 상환에 따른 현금유출은 재무활동을 통한 현금흐름에 해당한다.

02 총자산회전율을 계산할 때 분자에 해당되는 항목은?

▸ 2010년 공인노무사

① 당기순이익　　　　　② 매출액
③ 유동자산　　　　　　④ 재고자산
⑤ 비유동자산

해설　총자산회전율 $= \dfrac{\text{매출액}}{\text{평균 총자산}}$

03 상품 A의 단위당 가격이 20,000원이고, 단위당 변동영업비용이 14,000원이다. 고정영업비용이 48,000,000원이라면 상품A의 손익분기점에 해당하는 매출액은? ▸ 2010년 공인노무사

① 140,000,000원　　　　　　　② 150,000,000원
③ 160,000,000원　　　　　　　④ 170,000,000원
⑤ 180,000,000원

해설 손익분기점 매출액 $= \dfrac{\text{고정비}}{\text{공헌이익률}} = \dfrac{FC}{\dfrac{p-v}{p}} = \dfrac{48,000,000원}{\dfrac{(20,000원-14,000원)}{20,000원}}$

$= 160,000,000원$

〈별해〉

손익분기점 매출액 = 손익분기점 매출량 × 단위당 매출액

$= \dfrac{FC}{p-v} \times 20,000원$

$= \dfrac{48,000,000원}{20,000원-14,000원} \times 20,000원$

$= 160,000,000원$

단, FC = 고정비용(48,000,000원)
　　p = 단위당 매출액(20,000원)
　　v = 단위당 변동비용(14,000원)

〈참고〉
단위당 공헌이익(CM) = 단위당 매출액(p) − 단위당 변동비용(v)
단위당 공헌이익률 = 단위당 공헌이익(CM) ÷ 단위당 매출액(p)

04 유동자산 항목에 해당되는 것은? ▸ 2010년 공인노무사

① 재고자산　　　　　　　② 유형자산
③ 기계장치　　　　　　　④ 차량운반구
⑤ 무형자산

해설 ① 재고자산은 유동자산 항목에 해당한다.

오답해설
② 유형자산, ③ 기계장치, ④ 차량운반구, ⑤ 무형자산은 비유동자산에 해당한다.

정답 ▸ 01 ① 　02 ② 　03 ③ 　04 ①

05 재무비율에 관한 설명으로 옳지 않은 것은?
▶ 2011년 공인노무사

① 수익성 비율은 한 기업이 이익을 얻기 위해 다양한 자원들을 얼마나 효율적으로 사용하는지를 측정한다.
② 주가수익비율(PER)은 기업의 현재 주가를 주당순이익(EPS)으로 나누어 산출한다.
③ 활동성 비율은 기업의 자산을 얼마나 효율적으로 사용했는지를 측정한다.
④ 레버리지 비율은 기업의 장기채무 지급능력을 측정한다.
⑤ 재고자산회전율이 산업평균보다 낮은 경우 재고부족으로 인한 기회비용이 나타난다.

해설 ⑤ 재고자산회전율은 $\dfrac{\text{매출원가}}{\text{평균 재고자산}}$ 인데, 이 비율이 산업평균보다 낮다는 것은 분모의 재고가 많다는 뜻이므로 재고부족은 나타나지 않는다.

06 재무제표의 구성요소에 관한 설명으로 옳지 않은 것은?
▶ 2011년 공인노무사

① 자산은 기업이 소유하고 있는 토지, 건물, 기계, 채권 등과 같은 경제적 자원을 말한다.
② 부채에는 외상매입금이나 차입금 등이 포함된다.
③ 수익은 자산의 유입이나 증가 또는 부채의 감소에 따라 자본의 증가를 초래하는 특정 회계기간 동안에 발생한 경제적 효익의 증가이다.
④ 부채는 상환될 때까지 지급할 금액을 기준으로 유동부채와 비유동부채로 분류된다.
⑤ 이익 또는 손실은 수익에서 비용을 차감하여 구한다.

해설 ④ 부채는 상환될 때까지의 기간을 기준으로 유동부채와 비유동부채로 분류된다.

07 회계시스템에 인식·측정될 수 있는 거래로 분류될 수 없는 것은?
▶ 2011년 공인노무사

① 상품을 구입하다.
② 용역을 제공하다.
③ 돈을 빌려오다.
④ 도난을 당하다.
⑤ 계약을 체결하다.

해설 거래는 회사 재산(자산, 부채, 자본, 수익, 비용)의 변동을 가져오는 사건을 말한다.
① 상품 구입 : 상품 자산 증가(차변), 현금 등 자산 감소 또는 부채의 증가(대변)
② 용역 제공 : 채권 또는 현금의 증가(차변), 수익의 발생(대변)
③ 돈을 빌려옴 : 현금 등 자산의 증가(차변), 차입금 등 부채의 증가(대변)

④ 도난 당함 : 손실(비용)의 발생(차변), 상품 등 자산의 감소(대변)

오답해설

⑤ 단지 계약을 체결하는 것은 회사 재산의 변동을 초래하지 않는다.

---

08 거래를 분개할 때 결합관계가 옳지 않은 것은?

▸ 2012년 공인노무사

	차변	대변
①	자본증가	부채증가
②	자산증가	자산감소
③	자산증가	수익발생
④	부채감소	수익발생
⑤	비용발생	자산감소

해설

	차변	대변
①	자본감소	부채증가

---

09 관리회계에 관한 설명으로 옳지 않은 것은?

▸ 2012년 공인노무사

① 내부정보이용자에게 유용한 정보이다.

② 재무제표 작성을 주목적으로 한다.

③ 경영자에게 당면한 문제를 해결하기 위한 정보를 제공한다.

④ 경영계획이나 통제를 위한 정보를 제공한다.

⑤ 법적 강제력이 없다.

해설 ② 재무제표 작성을 주목적으로 하는 것은 재무회계이다.

10 A 기업의 관련 자료가 아래와 같을 때 간접법을 적용하여 영업활동으로 인한 현금흐름을 구하면?

▶ 2012년 공인노무사

당기 순이익	10,000원	감가상각비	5,000원
매출채권 증가	5,000원	재고자산 감소	1,000원
매입채무 증가	3,000원	유형자산 증가	10,000원
장기차입금 증가	4,000원		

① 12,000원 ② 13,000원
③ 14,000원 ④ 18,000원
⑤ 22,000원

해설

1. 당기순이익	10,000원
2. 영업무관. 현금흐름 무관 손익 제거	
감가상각비	5,000원
3. 영업관련 자산, 부채 증감 반영	
1) 영업관련 자산 증감	
매출채권 증가	(5,000원)
재고자산 감소	1,000원
2) 영업관련 부채 증감	
매입채무 증가	3,000원
4. 영업활동으로 인한 현금흐름	14,000원

11 포괄손익계산서상의 '판매비와 관리비'에 해당하지 않는 것은?

▶ 2013년 공인노무사

① 급여 ② 임차료
③ 법인세비용 ④ 감가상각비
⑤ 광고선전비

해설 ③ 판매비와 관리비는 영업활동 관련 비용인데, 법인세비용은 영업활동 관련 비용이 아니다.

12 다음의 계정과목 중 재무상태표의 구성항목이 아닌 것은?　▸ 2013년 공인노무사

① 유형자산　　　　　　　　② 유동부채
③ 자본금　　　　　　　　　④ 이익잉여금
⑤ 매출원가

해설 ⑤ 매출원가는 손익계산서 구성항목이다.

13 회계의 순환과정을 순서대로 나열한 것은?　▸ 2013년 공인노무사

ㄱ. 수정분개	ㄴ. 거래발생
ㄷ. 분개	ㄹ. 수정전시산표 작성
ㅁ. 원장 전기	ㅂ. 재무제표 작성

① ㄴ - ㄷ - ㄱ - ㅁ - ㄹ - ㅂ　　② ㅁ - ㄴ - ㄷ - ㄱ - ㄹ - ㅂ
③ ㅁ - ㄴ - ㄷ - ㄹ - ㅂ - ㄱ　　④ ㄴ - ㄷ - ㅁ - ㄹ - ㄱ - ㅂ
⑤ ㄴ - ㄷ - ㄹ - ㅁ - ㅂ - ㄱ

해설 회계의 순환과정
거래발생 → 분개 → 원장 전기 → 수정전시산표 작성 → 수정분개 → 재무제표 작성

14 차량을 200만원에 구입하여 40만원은 현금 지급하고 잔액은 외상으로 하였다. 이 거래결과로 옳은 것을 모두 고른 것은?　▸ 2014년 공인노무사

ㄱ. 총자산 감소	ㄴ. 총자산 증가
ㄷ. 총부채 감소	ㄹ. 총부채 증가

① ㄱ, ㄷ　　　　　　　　　② ㄱ, ㄹ
③ ㄴ, ㄷ　　　　　　　　　④ ㄴ, ㄹ
⑤ ㄷ, ㄹ

정답 10 ③　11 ③　12 ⑤　13 ④　14 ④

해설 • 분개

〈차변〉	〈대변〉
차량운반구 200만원(자산의 증가) /	현금　　　　40만원(자산의 감소)
	미지급금 160만원(부채의 증가)

• 거래의 결과
총자산 증가 160만원(200만원 − 40만원)
총부채 증가 160만원

15

유동비율 120%, 유동부채 100억원, 재고자산 40억원이면 당좌비율은?　▸2014년 공인노무사

① 70%　　　　　　　　　　② 80%
③ 90%　　　　　　　　　　④ 100%
⑤ 110%

해설

$$\text{유동비율} = \frac{\text{유동자산}}{\text{유동부채}} = \frac{\text{당좌자산} + \text{재고자산}}{\text{유동부채}}$$

$$= \frac{\text{당좌자산} + 40\text{억원}}{100\text{억원}} = 1.2(120\%)$$

• 유동자산 = 120억원
• 당좌자산 = 유동자산 − 재고자산 = 120억원 − 40억원 = 80억원
• 당좌비율 $= \dfrac{\text{당좌자산}}{\text{유동부채}} = \dfrac{80\text{억원}}{100\text{억원}} = 0.8(80\%)$

16

매출액순이익률이 2%이고 총자본회전율이 5인 기업의 총자본순이익률은?　▸2015년 공인노무사

① 1%　　　　　　　　　　② 2.5%
③ 5%　　　　　　　　　　④ 7%
⑤ 10%

해설

$$\text{총자본순이익률} = \frac{\text{순이익}}{\text{평균 총자본}} = \frac{\text{순이익}}{\text{매출액}} \times \frac{\text{매출액}}{\text{평균 총자본}}$$

$$= \text{매출액순이익률} \times \text{총자본회전율}$$

$$= 2\% \times 5 = 10\%$$

17 내용연수를 기준으로 초기에 비용을 많이 계상하는 감가상각방법은? ▶ 2015년 공인노무사

① 정액법　　　　　　　　　　　　② 정률법
③ 선입선출법　　　　　　　　　　④ 후입선출법
⑤ 저가법

해설 오답해설

① 정액법 : 감가상각방법으로 매기 균등액 상각
③ 선입선출법 : 재고자산의 기말평가 방법으로 선입선출로 단가 추정
④ 후입선출법 : 재고자산의 기말평가 방법으로 후입선출로 단가 추정
⑤ 저가법 : 보수주의를 적용하는 재고자산의 기말평가 방법으로 기말 가치가 취득원가나 기초 가
치보다 하락 시 저가로 보고

PART 03

18 액면가액 5,000원인 주식 100주를 발행하여 회사를 설립할 경우 올바른 분개는?

▶ 2015년 공인노무사

① (차) 현금 500,000　　　　　　　(대) 부채 500,000
② (차) 자본금 500,000　　　　　　(대) 부채 500,000
③ (차) 자본금 500,000　　　　　　(대) 현금 500,000
④ (차) 현금 500,000　　　　　　　(대) 자본금 500,000
⑤ (차) 부채 500,000　　　　　　　(대) 자본금 500,000

해설 ④ (차) 현금 500,000(자산의 증가)　　(대) 자본금 500,000(자본의 증가)

19 재무상태표에서 비유동자산에 해당하는 계정과목은? ▶ 2015년 공인노무사

① 영업권　　　　　　　　　　　　② 매입채무
③ 매출채권　　　　　　　　　　　④ 자기주식
⑤ 법정적립금

해설 오답해설

② 매입채무 : 유동부채
③ 매출채권 : 유동자산
④ 자기주식 : 자본조정
⑤ 법정적립금 : 이익잉여금

정답　15 ② 　16 ⑤ 　17 ② 　18 ④ 　19 ①

20 총자산회전율의 산식은?

▸ 2016년 공인노무사

① 매출액/매출채권　　　　　② 매출액/총자산
③ 순이익/자기자본　　　　　④ 총자산/매출액
⑤ 자기자본/순이익

해설 ② 총자산회전율 = 매출액/총자산

오답해설
③ 순이익/자기자본 = 자기자본순이익률(ROE)

21 다음 자료를 이용하여 당기순이익을 구하면? (단, 회계기간은 1월 1일부터 12월 31일까지이다.)

▸ 2016년 공인노무사

영업이익	300,000원
이자비용	10,000원
영업외 수익	50,000원
법인세비용	15,000원

① 275,000원　　　　　② 290,000원
③ 325,000원　　　　　④ 335,000원
⑤ 340,000원

해설

1. 영업이익	300,000원
2. 영업외 수익	50,000원
3. 영업외 비용	
이자비용	(10,000원)
4. 세전이익	340,000원
5. 법인세비용	(15,000원)
6. 당기순이익	325,000원

22 다음과 같은 조건에서 손익분기점에 도달하기 위한 판매수량(단위)은? ▸2016년 공인노무사

단위당 판매가격	20,000원
단위당 변동비	14,000원
총고정비	48,000,000원

① 5,000 ② 6,000

③ 7,000 ④ 8,000

⑤ 9,000

해설 손익분기점 매출량 $= \dfrac{FC}{p-v} = \dfrac{\text{고정비}}{\text{단위당 공헌이익}}$

$$= \dfrac{48,000,000원}{20,000원 - 14,000원}$$

$$= 8,000개$$

단, FC = 고정비용(48,000,000원)
   p = 단위당 매출액(20,000원)
   v = 단위당 변동비용(14,000원)

23 유동비율 $= \dfrac{A}{\text{유동부채}} \times 100$, 자기자본순이익률(ROE) = (1 + 부채비율) × (B)일 때,

각각 옳게 짝지어진 것은? ▸2017년 공인노무사

① A : 유동자산, B : 총자본순이익률
② A : 유동자산, B : 매출액순이익률
③ A : 유동자산, B : 총자본회전율
④ A : 유형자산, B : 총자본회전율
⑤ A : 유형자산, B : 매출액영업이익률

정답 20 ② 21 ③ 22 ④ 23 ①

해설 유동비율 $= \dfrac{\text{유동자산}(A)}{\text{유동부채}} \times 100 \qquad \therefore \; A = \text{유동자산}$

$$\text{자기자본 순이익률(ROE)} = \dfrac{\text{순이익}(E)}{\text{자기자본}(S)}$$

$$
\begin{aligned}
\text{자기자본 순이익률(ROE)} &= (1 + \text{부채비율}) \times (\,\text{B}\,) \\[2mm]
&= \left(\dfrac{\text{자기자본}(S)}{\text{자기자본}(S)} + \dfrac{\text{부채}}{\text{자기자본}(S)} \right) \times (\,\text{B}\,) \\[2mm]
&= \left(\dfrac{\text{자기자본} + \text{부채}}{\text{자기자본}(S)} \right) \times (\,\text{B}\,) \\[2mm]
&= \left(\dfrac{\text{자기자본} + \text{부채}}{\text{자기자본}(S)} \right) \times \left(\dfrac{\text{순이익}(E)}{\text{자기자본} + \text{부채}} \right) \\[2mm]
&= \dfrac{\text{순이익}(E)}{\text{자기자본}(S)}
\end{aligned}
$$

$$\therefore \; \text{B} = \dfrac{\text{순이익}(E)}{\text{자기자본} + \text{부채}} = \dfrac{\text{순이익}(E)}{\text{총자본}} = \text{총자본순이익률}$$

24 회계감사의 감사의견에 포함되지 않는 것은?

▶ 2017년 공인노무사

① 적정 의견 ② 부적정 의견
③ 한정 의견 ④ 불한정 의견
⑤ 의견 거절

해설

① 적정의견 : 재무제표가 기업회계기준에 따라 적정하게 작성돼 신뢰할 수 있다는 뜻
② 부적정의견 : 기업회계기준에 위배되는 사항이 재무제표에 중대한 영향을 미쳐 기업 경영상태가 전체적으로 왜곡됐다고 판단된 경우 표명하는 의견
③ 한정의견 : 감사인이 수행할 수 있는 감사범위가 부분적으로 제한된 경우 또는 감사를 실시한 결과 기업회계준칙에 따르지 않은 몇 가지 사항이 있지만 해당 사항이 재무제표에 그다지 큰 영향을 미치지 않는다고 판단한 경우에 제시하는 의견
⑤ 의견거절 : 감사보고서를 만드는데 필요한 증거를 얻지 못해 재무제표 전체에 대한 의견표명이 불가능한 경우나 기업의 존립에 의문을 제기할 만한 객관적인 사항이 중대한 경우, 또는 독립적인 감사업무를 수행할 수 없는 경우 감사의견

오답해설

④ 불한정 의견은 감사의견에 포함되지 않는다.

25 자본항목에 해당하는 것은?

▶ 2017년 공인노무사

① 이익잉여금　　　　　　　　② 사채
③ 영업권　　　　　　　　　　④ 미수수익
⑤ 선수수익

해설 ① 이익잉여금 : 자본항목

오답해설
② 사채 : 비유동부채
③ 영업권 : 비유동자산 내의 무형자산
④ 미수수익 : 유동자산
⑤ 선수수익 : 유동부채

26 시산표는 재무상태표 구성요소와 포괄손익계산서 구성요소를 한 곳에 집계한 표이다. 다음 시산표 등식에서 (　)에 들어갈 항목으로 옳은 것은?

▶ 2018년 공인노무사

자산 + 비용 = 부채 + (　) + 수익

① 매출액　　　　　　　　　　② 자본
③ 법인세　　　　　　　　　　④ 미지급금
⑤ 감가상각비

해설

	〈차변〉		〈대변〉
재무상태표 등식 :	자산	=	부채 + 자본
손익계산서 등식 :	비용 + 이익	=	수익

27 당좌자산에 해당하는 것을 모두 고른 것은?

▶ 2018년 공인노무사

ㄱ. 현금	ㄴ. 보통예금
ㄷ. 투자부동산	ㄹ. 단기금융상품

① ㄱ, ㄴ　　　　　　　　　　② ㄷ, ㄹ
③ ㄱ, ㄴ, ㄹ　　　　　　　　④ ㄴ, ㄷ, ㄹ
⑤ ㄱ, ㄴ, ㄷ, ㄹ

해설 **오답해설**
ㄷ. 투자부동산 : 비유동자산 내의 투자자산

정답 24 ④　25 ①　26 ②　27 ③

28 재무상태표의 항목에 해당되지 않는 것은? ▸2018년 공인노무사

① 차입금 ② 이익잉여금
③ 매출채권 ④ 판매비
⑤ 재고자산

해설 ④ 판매비 : 손익계산서 항목

29 ㈜한국의 유동자산은 1,200,000원이고, 유동비율과 당좌비율은 각각 200%와 150%이다. ㈜한국의 재고자산은? ▸2019년 공인노무사

① 300,000원 ② 600,000원
③ 900,000원 ④ 1,800,000원
⑤ 2,400,000원

해설
$$\text{유동비율} = \frac{\text{유동자산}}{\text{유동부채}} = \frac{1,200,000원}{\text{유동부채}} = 2(200\%)$$

∴ 유동부채 = 600,000원

$$\text{당좌비율} = \frac{\text{당좌자산}}{\text{유동부채}} = \frac{\text{당좌자산}}{600,000원} = 1.5(150\%)$$

∴ 당좌자산 = 900,000원

∴ 재고자산 = 유동자산 − 당좌자산 = 1,200,000원 − 900,000원 = 300,000원

30 포괄손익계산서의 계정에 해당하지 않는 것은? ▸2019년 공인노무사

① 감가상각비 ② 광고비
③ 매출원가 ④ 자기주식처분이익
⑤ 유형자산처분이익

해설 ④ 자기주식처분이익은 자본잉여금으로 재무상태표 계정이다.

31 ㈜한국(결산일: 12월 31일)은 2017년 초 기계장치를 2,000,000원에 취득하고, 잔존가치 200,000원, 내용연수 5년, 정액법으로 감가상각하였다. ㈜한국은 2019년 초 이 기계장치를 1,300,000원에 처분하였다. ㈜한국의 기계장치 처분으로 인한 손익은? ▸ 2019년 공인노무사

① 처분이익 20,000원   ② 처분손실 20,000원

③ 처분이익 100,000원   ④ 처분손실 100,000원

⑤ 처분손실 300,000원

해설

$$기계장치\ 처분손익 = 처분가액 - 처분\ 당시\ 장부가액$$
$$= 1,300,000원 - (취득원가 - 2년간\ 감가상각누계액)$$
$$= 1,300,000원 - \left(2,000,000원 - \frac{취득원가 - 잔존가치}{내용연수} \times 2년\right)$$
$$= 1,300,000원 - \left(2,000,000원 - \frac{2,000,000원 - 200,000원}{5년} \times 2\right)$$
$$= 20,000원(처분이익)$$

32 다음 중 자본잉여금에 해당하는 항목은? ▸ 2019년 공인노무사

① 미교부주식배당금   ② 법정적립금

③ 임의적립금   ④ 미처분이익잉여금

⑤ 주식발행초과금

해설 ⑤ 주식발행초과금 : 자본잉여금

오답해설

① 미교부주식배당금 : 자본조정

② 법정적립금 : 이익잉여금

③ 임의적립금 : 이익잉여금

④ 미처분이익잉여금 : 이익잉여금

33 ㈜한국의 총자산이 40억원, 비유동자산이 25억원, 유동부채가 10억원인 경우 유동비율은?

▶ 2020년 공인노무사

① 50% ② 70%
③ 100% ④ 150%
⑤ 200%

해설 유동자산 = 총자산 − 비유동자산 = 40억원 − 25억원 = 15억원

$$유동비율 = \frac{유동자산}{유동부채} = \frac{15억원}{10억원} = 1.5(150\%)$$

34 자본항목의 분류가 다른 것은?

▶ 2020년 공인노무사

① 주식할인발행차금 ② 감자차손
③ 자기주식 ④ 미교부주식배당금
⑤ 자기주식처분이익

해설 ① 주식할인발행차금 : 자본조정
② 감자차손 : 자본조정
③ 자기주식 : 자본조정
④ 미교부주식배당금 : 자본조정

오답해설
⑤ 자기주식처분이익 : 자본잉여금

35 부채에 관한 설명으로 옳지 않은 것은?

▶ 2020년 공인노무사

① 매입채무는 일반적인 상거래에서 발생한 외상매입금과 지급어음을 말한다.
② 예수금은 거래처나 종업원을 대신하여 납부기관에 납부할 때 소멸하는 부채이다.
③ 미지급금은 비유동자산의 취득 등 일반적인 상거래 이외에서 발생한 채무를 말한다.
④ 장기차입금의 상환기일이 결산일로부터 1년 이내에 도래하는 경우 유동성장기차입금으로 대체하고 유동부채로 분류한다.
⑤ 매입채무, 차입금, 선수금, 사채 등은 금융부채에 속한다.

[해설] ⑤ 선수금은 상품의 납품 전에 미리 수령한 자금으로, 미래에 상품을 발송할 의무가 있는 부채이다. 그러므로 금융부채는 아니다.

36 재무상태표와 관련되는 것을 모두 고른 것은?

▸ 2020년 공인노무사

ㄱ. 수익·비용대응의 원칙	ㄴ. 일정시점의 재무상태
ㄷ. 유동성배열법	ㄹ. 일정기간의 경영성과
ㅁ. 자산, 부채 및 자본	

① ㄱ, ㄴ   ② ㄱ, ㄹ
③ ㄴ, ㄷ, ㄹ   ④ ㄴ, ㄷ, ㅁ
⑤ ㄷ, ㄹ, ㅁ

[해설] ㄷ. 유동성배열법 : 자산, 부채 등을 유동성이 높은 순서대로 재무상태표에 표시함이 원칙

오답해설
ㄱ. 수익·비용대응의 원칙 : 손익계산서 작성에 필요한 비용 인식 원칙
ㄹ. 일정기간의 경영성과 : 손익계산서의 정의

37 공장을 신축하고자 1억원의 토지를 현금으로 취득한 거래가 재무제표 요소에 미치는 영향은?

▸ 2021년 공인노무사

① 자본의 감소, 자산의 감소   ② 자산의 증가, 자산의 감소
③ 자산의 증가, 자본의 증가   ④ 자산의 증가, 부채의 증가
⑤ 비용의 증가, 자산의 감소

[해설] 〈차변〉 토지 1억원(자산의 증가) / 〈대변〉 현금 1억원(자산의 감소)

38 유형자산에 해당하는 항목을 모두 고른 것은?

▶ 2021년 공인노무사

ㄱ. 특허권	ㄴ. 건물
ㄷ. 비품	ㄹ. 라이선스

① ㄱ, ㄴ
② ㄴ, ㄷ
③ ㄱ, ㄴ, ㄷ
④ ㄴ, ㄷ, ㄹ
⑤ ㄱ, ㄴ, ㄷ, ㄹ

해설 ② ㄴ. 건물, ㄷ. 비품은 유형자산에 해당한다.

오답해설
ㄱ. 특허권, ㄹ. 라이선스는 무형자산이다.

39 재무상태표의 부채에 해당하지 않는 것은?

▶ 2021년 공인노무사

① 매입채무
② 선급비용
③ 선수금
④ 사채
⑤ 예수금

해설 ② 선급비용은 자산에 해당한다.

40 재무상태표의 자산항목에 해당하지 않는 것은?

▶ 2022년 공인노무사

① 미수금
② 단기대여금
③ 선급금
④ 이익준비금
⑤ 선급비용

해설 ④ 이익준비금은 자본에 해당한다.

41 다음의 주어진 자료를 이용하여 산출한 기말자본액은?

▸ 2022년 공인노무사

〈자료〉

기초자산 : 380,000원, 기초부채 : 180,000원, 당기 중 유상증자 : 80,000원

당기 중 현금배당 : 40,000원, 당기순이익 : 100,000원

① 260,000원

② 300,000원

③ 340,000원

④ 380,000원

⑤ 420,000원

해설 기초자본 + 당기 중 유상증자 – 당기 중 현금배당 + 당기순이익 = 기말자본

∴ 기말자본 = 200,000원 + 80,000원 – 40,000원 + 100,000원 = 340,000원

단. 기초자본 = 기초자산 – 기초부채 = 380,000원 – 180,000원 = 200,000원

42 회계거래 분개에 관한 설명으로 옳은 것은?

▸ 2022년 공인노무사

① 매입채무의 증가는 차변에 기록한다.

② 장기대여금의 증가는 대변에 기록한다.

③ 자본금의 감소는 차변에 기록한다.

④ 임대료 수익의 발생은 차변에 기록한다.

⑤ 급여의 지급은 대변에 기록한다.

해설 ③ 자본금의 감소는 차변에 기록한다.

오답해설

① 매입채무(부채)의 증가는 대변에 기록한다.

② 장기대여금(자산)의 증가는 차변에 기록한다.

④ 임대료 수익의 발생은 대변에 기록한다.

⑤ 급여(비용)의 지급은 차변에 기록한다.

정답 38 ② 39 ② 40 ④ 41 ③ 42 ③

43 현행 K-IFRS에 의한 재무제표에 해당하지 않는 것은? ▶ 2023년 공인노무사

① 재무상태변동표 ② 포괄손익계산서
③ 자본변동표 ④ 현금흐름표
⑤ 주석

해설 ⑤ 주석도 재무제표에 해당함에 주의한다.

오답해설
① 재무상태변동표라는 것은 없다. 재무상태표는 재무제표에 해당한다.

44 거래의 결합관계가 비용의 발생과 부채의 증가에 해당하는 것은? (단, 거래금액은 고려하지 않는다.) ▶ 2023년 공인노무사

① 외상으로 구입한 업무용 컴퓨터를 현금으로 결제하였다.
② 종업원 급여가 발생하였으나 아직 지급하지 않았다.
③ 대여금에 대한 이자를 현금으로 수령하지 못하였으나 결산기말에 인식하였다.
④ 거래처에서 영업용 상품을 외상으로 구입하였다.
⑤ 은행으로부터 빌린 차입금을 상환하였다.

해설 ② 종업원 급여가 발생하였으나 아직 지급하지 않았다.
(차변) 종업원 급여(비용 발생) xx   (대변) 미지급 급여(부채 증가) xx

오답해설
① 외상으로 구입한 업무용 컴퓨터를 현금으로 결제하였다.
(차변) 미지급금(부채 감소) xx   (대변) 현금(자산 감소)   xx
③ 대여금에 대한 이자를 현금으로 수령하지 못하였으나 결산기말에 인식하였다.
(차변) 미수이자(자산 증가) xx   (대변) 수입이자(수익 발생) xx
④ 거래처에서 영업용 상품을 외상으로 구입하였다.
(차변) 재고자산(자산 증가) xx   (대변) 매입채무(부채 증가) xx
⑤ 은행으로부터 빌린 차입금을 상환하였다.
(차변) 차입금(부채 감소)   xx   (대변) 현금(자산 감소)   xx

45 도소매업을 영위하는 ㈜한국의 재고 관련 자료가 다음과 같을 때, 매출이익은?

▸ 2023년 공인노무사

총매출액	₩10,000	총매입액	₩7,000
매출환입액	50	매입에누리액	80
기초재고액	200	매입운임액	20
기말재고액	250		

① ₩2,980   ② ₩3,030
③ ₩3,060   ④ ₩3,080
⑤ ₩3,110

해설 매출총이익 = 순매출액 − 매출원가 = 9,950 − 6,890 = 3,060원
• 순매출액 = 총매출액 − 매출환입액 = 10,000 − 50 = 9,950원
• 매출원가 = 기초재고액 + 순매입액 − 기말재고액 = 200 + 6,940 − 250 = 6,890원
• 순매입액 = 총매입액 + 매입운임액 − 매입에누리액 = 7,000 + 20 − 80 = 6,940원

46 ㈜한국은 다음과 같은 조건의 사채(액면금액 ₩1,000,000, 액면이자율 8%, 만기 5년, 이자는 매년말 지급)를 발행하였다. 시장이자율이 10%일 경우, 사채의 발행금액은? (단, 사채발행비는 없으며, 현가계수는 주어진 자료를 이용한다.)

▸ 2023년 공인노무사

기간(년)	단일금액 ₩1의 현가계수		정상연금 ₩1의 현가계수	
	8%	10%	8%	10%
5	0.68	0.62	3.99	3.79

① ₩896,800   ② ₩923,200
③ ₩939,800   ④ ₩983,200
⑤ ₩999,200

해설 사채발행금액(사채의 현재가치) = 80,000 × 3.79 + 1,000,000 × 0.62 = 923,200원

정답 43 ① 44 ② 45 ③ 46 ②

47 회계거래 분개 시 차변에 기록해야 하는 것은? ▸ 2024년 공인노무사

① 선수금의 증가   ② 미수수익의 증가
③ 매출의 발생   ④ 미지급비용의 증가
⑤ 매입채무의 증가

해설 ② 미수수익의 증가(자산의 증가) : 차변

오답해설
① 선수금의 증가(부채의 증가) : 대변
③ 매출의 발생(수익의 발생) : 대변
④ 미지급비용의 증가(부채의 증가) : 대변
⑤ 매입채무의 증가(부채의 증가) : 대변

48 재무비율에 관한 설명으로 옳지 않은 것은? ▸ 2024년 공인노무사

① 자산이용의 효율성을 분석하는 것은 활동성비율이다.
② 이자보상비율은 채권자에게 지급해야 할 고정비용인 이자비용의 안전도를 나타낸다.
③ 유동비율은 유동자산을 유동부채로 나눈 것이다.
④ 자기자본순이익률(ROE)은 주주 및 채권자의 관점에서 본 수익성비율이다.
⑤ 재무비율분석 시 기업 간 회계방법의 차이가 있음을 고려해야 한다.

해설 ④ 자기자본순이익률(ROE)은 당기순이익을 평균자기자본으로 나눈 값으로, 주주의 관점에서 본 수익성비율이다.

49 총자산순이익률(ROA)이 20%, 매출액순이익률이 8%일 때 총자산회전율은?

▸ 2024년 공인노무사

① 2   ② 2.5
③ 3   ④ 3.5
⑤ 4

해설 $$\text{총자산회전율} = \frac{\text{매출액}}{\text{평균총자산}} = \frac{\text{당기순이익}}{\text{평균총자산}} \times \frac{\text{매출액}}{\text{당기순이익}}$$

$$= \text{총자산순이익률(ROA)} \times \frac{1}{\text{매출액순이익률}}$$

$$= 0.2 \times \frac{1}{0.08} = 20 \times \frac{1}{8} = 2.5$$

- 총자산순이익률(ROA) $= \dfrac{\text{당기순이익}}{\text{평균총자산}}$

- 매출액순이익률 $= \dfrac{\text{당기순이익}}{\text{매출액}}$

50 유형자산의 감가상각에 관한 설명으로 옳은 것은? ▶ 2024년 공인노무사

① 감가상각누계액은 내용연수 동안 비용처리 할 감가상각비의 총액이다.
② 정액법과 정률법에서는 감가대상금액을 기초로 감가상각비를 산정한다.
③ 정률법은 내용연수 후반부로 갈수록 감가상각비를 많이 인식한다.
④ 회계적 관점에서 감가상각은 자산의 평가과정이라기 보다 원가배분과정이라고 할 수 있다.
⑤ 모든 유형자산은 시간이 경과함에 따라 가치가 감소하므로 가치의 감소를 인식하기 위해 감가상각한다.

해설 **오답해설**

① 감가상각누계액은 해당 시점까지 비용처리 한 감가상각비의 총액이다.
② 정액법은 감가대상금액을 기초로 감가상각비를 산정하나, 정률법은 기초장부가액을 기초로 감가상각비를 산정한다.
③ 정률법은 내용연수 후반부로 갈수록 감가상각비를 적게 인식한다.
⑤ 모든 유형자산이 시간이 경과함에 따라 가치가 감소하는 것은 아니다. 그러므로 가치의 감소를 인식하기 위해 감가상각하는 것이 아니라 취득 시 추정된 감사상각비를 내용연수에 걸쳐 배분하는 과정이라고 할 수 있다.

정답 ▶ 47 ② 48 ④ 49 ② 50 ④

51 유형자산의 취득원가에 포함되는 것은? ▸ 2024년 · 공인노무사

① 파손된 유리와 소모품의 대체
② 마모된 자산의 원상복구
③ 건물 취득 후 가입한 보험에 대한 보험료
④ 유형자산 취득 시 발생한 운반비
⑤ 건물의 도색

해설 ④ 유형자산의 취득원가에는 당해 유형자산을 취득할 때 본래 목적에 사용하기 위한 부대비용을 포함한다. 그러므로 유형자산 취득 시 발생한 운반비나 보험료 등은 유형자산의 취득원가에 포함한다.

오답해설
취득 후 유형자산을 위해 지출된 부분 중, 자산의 수리나 유지에 해당하는 수익적 지출 부분은 자산으로 계상하지 아니하고, 당기 비용으로 처리한다. 반면 자산의 수명의 증가나 가치의 증가에 공헌하는 부분은 자본적 지출로서 자산의 장부가치에 가산한다.
① 파손된 유리와 소모품의 대체 : 수익적 지출
② 마모된 자산의 원상복구 : 수익적 지출
③ 건물 취득 후 가입한 보험에 대한 보험료 : 수익적 지출
⑤ 건물의 도색 : 수익적 지출

52 K사는 자전거를 생산할 때 매월 장비 임차료는 1,000원이고, 제품 개당 변동비와 판매가는 각각 50원과 300원이다. 한 달에 10대를 생산하여 팔 경우 월이익은? ▸ 2025년 · 공인노무사

① 250원
② 1,000원
③ 1,500원
④ 2,000원
⑤ 2,500원

해설 월 이익 = (개당 판매비 − 개당 변동비)(판매수량) − 고정비
= (300 − 50)(10) − 1,000 = 1,500원

53 장부마감 후 차기 회계연도로 잔액이 이월되지 않는 계정과목은? ▸ 2025년 · 공인노무사

① 매입채무
② 단기대여금
③ 자본금
④ 미지급비용
⑤ 임대료

해설 ⑤ 임대료는 손익계산서 계정이므로 이월되지 않는다.

54 다음 재고자산 관련 자료를 이용하여 구한 당기 매출액은?(단, 주어진 자료 이외의 것은 고려하지 않는다.)

▶ 2025년 공인노무사

• 기초재고액 100원	• 당기매입액 500원
• 기말재고액 200원	• 매출원가율 80%

① 400원 ② 500원

③ 550원 ④ 600원

⑤ 750원

해설 매출원가 = 기초재고액 + 당기매입액 − 기말재고액

$$= 100 + 500 - 200 = 400원$$

매출액 × 매출원가율 = 매출원가

$$매출액 = \frac{매출원가}{매출원가율} = \frac{400}{0.8} = 500원$$

55 종업원급여 지급 시 4대 보험의 일시적 원천징수를 위해 사용하는 계정과목은?

▶ 2025년 공인노무사

① 예수금 ② 미수금

③ 선수금 ④ 가수금

⑤ 선급금

해설 ① 예수금은 추후에 세금으로 납부할 예정(즉, 유동부채)인 종업원급여 관련 4대 보험료 등을 일시적 원천징수를 한 계정과목이다.

56 자본조정에 해당하는 항목을 모두 고른 것은?

▶ 2025년 공인노무사

ㄱ. 주식발행초과금	ㄴ. 이익준비금
ㄷ. 주식할인발행차금	ㄹ. 자기주식

① ㄱ, ㄴ ② ㄷ, ㄹ

③ ㄱ, ㄴ, ㄷ ④ ㄴ, ㄷ, ㄹ

⑤ ㄱ, ㄴ, ㄷ, ㄹ

정답 51 ④ 52 ③ 53 ⑤ 54 ② 55 ① 56 ②

해설 주식할인발행차금과 자기주식은 자본조정에 해당한다.

오답해설
주식발행초과금은 자본잉여금에 해당하고, 이익준비금은 이익잉여금(기처분)이다.

57 유형자산의 취득원가에 포함되지 않는 것은?

▸ 2025년 공인노무사

① 설치원가 및 조립원가
② 유형자산의 매입 또는 건설과 직접적으로 관련되어 발생한 종업원급여
③ 새로운 상품과 서비스를 소개하는 데 소요되는 원가
④ 최초의 운송 및 취급 관련 원가
⑤ 환급불가능한 관세 및 취득 관련 세금

해설 ③ 유형자산의 취득원가에는 해당 자산의 구매비 외에, 본래 목적에 사용하기 위해서 지출되는 부대비용(운송비, 설치비, 보험료 등)을 포함한다. 새로운 상품과 서비스를 소개하는 데 소요되는 원가는 광고선전비로 발생 즉시 비용으로 계상한다.

PART 04
MIS

PART 04 MIS

01 정보가 지녀야 할 바람직한 가치 및 특성 중 가장 거리가 먼 것은?

▸2010년 공인노무사

① 적시성
② 완전성
③ 검증가능성
④ 관련성
⑤ 복잡성

해설 ⑤ 복잡성 → 간편성(simplity)

〈참고〉 기업경영활동과 의사결정에 유용한 정보가 되기 위한 특성
1) 정확성(accuracy) : 정보의 오류 및 왜곡을 제거하는 정보의 속성을 의미
2) 적시성(timeliness) : 정보를 필요로 하는 사람에게 적절한 시간에 정보가 제공되어야 함
3) 관련성(relevance) : 정보를 필요로 하는 목적에 맞게 사용될 수 있는 정보
4) 경제성(economics) : 정보의 가치가 정보의 생성비용보다 커야 한다는 속성
5) 완전성(complete) : 정보 속에 필요한 자료가 모두 용해되어야 함
6) 간편성(simplity) : 의사결정에 필요한 데이터를 여과 및 요약 과정을 거쳐 정보를 생성
7) 검증가능성(verifiability) : 많은 정보원을 검토하여 정보의 정확성을 확인할 수 있는 능력

02 조직의 최하위부서에서 이루어지는 일상적인 업무처리를 돕는 정보시스템은?

▸2011년 공인노무사

① 전략계획시스템(strategic planning system)
② 거래처리시스템(transaction processing system)
③ 의사결정지원시스템(decision support system)
④ 전문가시스템(expert system)
⑤ 관리통제시스템(managerial control system)

해설 ② 거래처리시스템(TPS : 운영통제) : 가장 기본적인 시스템, 기업활동의 가장 기본단위인 거래를 처리, **하위관리층**에 의해 주로 사용, 표준화된 운영절차에 따라 데이터 처리업무만 수행

〈참고〉 계층별 정보시스템
1) 거래처리시스템(TPS : 운영통제)
2) 경영정보시스템(MIS : 관리통제) : 하위관리층의 업무 감독·통제 및 최고경영층의 의사결정에 필요한 정보를 제공하는 **중간관리층**의 경영관리 업무 지원, 가장 기본적인 목적은 관리정보의 제공, 정형적·비정형적 업무 모두 지원

3) 중역정보시스템(EIS : 전략기획) : **최고경영층**의 전략적 기획과 각종 의사결정 등의 경영활동에 필요한 정보 제공, 상세한 자료보다는 요약된 정보, 전략적 목적을 달성할 수 있는 결정적인 요인들에 관한 정보 제공, 주로 비정형적 업무 지원, 사용하기 쉽고 이해하기 쉬우며 내용을 분석적으로 검토할 수 있는 기능 제공, 상용화된 패키지 또는 이를 개선한 형태로 사용

03 급여계산, 고객주문처리, 재고관리 등 일상적이고 반복적인 과업을 주로 수행하는 정보시스템은?

▸ 2021년 공인노무사

① EIS
② DSS
③ ES
④ SIS
⑤ TPS

해설 ⑤ 거래처리시스템(TPS : 운영통제) : 급여계산, 고객주문처리, 재고관리 등 일상적이고 반복적인 과업을 주로 수행하는 가장 기본적인 시스템으로 기업활동의 가장 기본단위인 거래를 처리하며, **하위관리층**에 의해 주로 사용된다. 표준화된 운영절차에 따라 데이터 처리업무만 수행하는 특징이 있다.

04 경영정보시스템(MIS)에 관한 설명으로 옳지 않은 것은?

▸ 2011년 공인노무사

① MIS는 경영시스템의 하위 시스템 중 하나이다.
② MIS는 경영자에게 데이터보다 정보를 제공하는 데 중점을 둔다.
③ MIS는 정보시스템을 통해 기업의 경영목표를 달성하도록 지원하는 시스템이다.
④ 정보는 숫자, 이름 또는 수량과 같이 분석되지 않은 사실을 말한다.
⑤ 정보시스템은 데이터를 입력받아 이를 정보로 변화시키는 시스템이다.

해설 ④ 정보가 아니라 자료(data)에 대한 설명이다.

〈참고〉 자료와 정보의 차이
1) 자료(data) : 요약되거나 분석되지 않은 상태로 존재하는 사실이나 수치
2) 정보(information) : 사용자에게 의미 있고 유익한 내용이 되도록 자료를 전환시킨 것

정답 01 ⑤ 02 ② 03 ⑤ 04 ④

05 경영정보시스템 관련 용어에 대한 설명으로 옳은 것은?

▸ 2012년 공인노무사

① 데이터베이스관리시스템은 비즈니스 수행에 필요한 일상적인 거래를 처리하는 정보시스템이다.

② 전문가시스템은 일반적인 업무를 지원하는 정보시스템이다.

③ 전사적자원관리시스템은 공급자와 공급기업을 연계하여 활용하는 정보시스템이다.

④ 의사결정지원시스템은 데이터를 저장하고 관리하는 정보시스템이다.

⑤ 중역정보시스템은 최고경영자층이 전략적인 의사결정을 하도록 도와주는 정보시스템이다.

해설 ⑤ 최고경영자층의 의사결정을 지원하기 위한 목적으로 개발된 경영정보시스템은 중역정보시스템(EIS)이다.

오답해설

① 비즈니스 수행에 필요한 일상적인 거래를 처리하는 정보시스템은 거래처리시스템(transaction processing system)이다.

② 일반적인 업무를 지원하는 정보시스템은 거래처리시스템, 경영정보시스템(MIS) 등이다.

③ 공급자와 공급기업을 연계하여 활용하는 정보시스템은 공급사슬관리(SCM)이다.

④ 데이터를 저장하고 관리하는 정보시스템은 데이터베이스관리시스템이다.

06 최고경영자층의 의사결정을 지원하기 위한 목적으로 개발된 경영정보시스템의 명칭은?

▸ 2013년 공인노무사

① ERP

② EDI

③ POS

④ EIS

⑤ TPS

해설 ④ 최고경영자층의 의사결정을 지원하기 위한 목적으로 개발된 경영정보시스템은 중역정보시스템(EIS)이다.

07 전문가시스템(ES)의 구성요소에 해당되지 않는 것은?

▸ 2012년 공인노무사

① 지식베이스

② 추론기관

③ 계획기관

④ 설명기관

⑤ 사용자인터페이스

해설 ③ 계획기관은 전문가 시스템의 구성요소에 해당하지 않는다.

〈참고〉 전문가시스템(ES)의 구성요소
1) **지식베이스** : 전문가시스템은 사람의 지식을 규칙의 집합으로 모델링하며 이런 규칙의 집합을 의미함.
2) **추론엔진** : 전문가시스템은 문제의 복잡성에 따라 수백에서 수천 개의 규칙들을 가짐/지식베이스를 검색하기 위해 사용되는 전략(= 추론기관)
3) **사용자 인터페이스** : 다른 응용 프로그램에서와 마찬가지로 사용자가 질의와 정보를 입력하는 등 시스템과 상호 작용할 수 있게 함.
4) **설명 기능** : 시스템으로 하여금 시스템 자신이 도출한 결론에 대해 설명하거나 정당화할 수 있게 하며, 개발자로 하여금 시스템의 작동을 검사할 수 있게 함(= 설명단위).

PART 04

08 다음 네트워크 용어들의 밑줄 친 P에 해당하는 영어 단어는?　▶ 2013년 공인노무사

• TCP / IP	• HTTP

① program　　　　　　　　② process
③ procedure　　　　　　　④ profile
⑤ protocol

해설 HTTP(hypertext transfer **protocol**)
FTP(file transfer **protocol**)
TCP/IP(transfer control **protocol**/internet **protocol**)

09 클라우드 컴퓨팅에 관한 설명으로 옳지 않은 것은?　▶ 2014년 공인노무사
① 인터넷기술을 활용하여 가상화된 IT자원을 서비스로 제공하는 방식이다.
② 사용자는 소프트웨어, 스토리지, 서버, 네트워크 등 다양한 IT자원을 필요한 만큼 빌려서 사용한다.
③ 조직의 모든 정보시스템의 중앙집중화로 막대한 IT자원을 필요로 한다.
④ 사용자 주문형 셀프서비스, 광범위한 네트워크 접속, 자원공유, 사용량 기반 과금제 등의 특징을 갖는다.
⑤ 단기간 필요한 서비스, 규모의 변화가 큰 서비스, 범용 애플리케이션을 구축하는 경우에 효과적이다.

정답　05 ⑤　06 ④　07 ③　08 ⑤　09 ③

해설 클라우드 컴퓨팅

1) 개념
   ㉠ 정보처리를 자신의 컴퓨터가 아닌 인터넷으로 연결된 다른 컴퓨터로 처리하는 기술이다.
   ㉡ 빅데이터를 처리하기 위해서는 다수의 서버를 통한 분산처리가 필수적이다.
   - 인터넷기술을 활용하여 가상화된 IT자원을 서비스로 제공하는 방식이다.
   - 사용자는 소프트웨어, 스토리지, 서버, 네트워크 등 다양한 IT자원을 필요한 만큼 빌려서 사용한다.
   - 서버나 시스템의 구매가 필요치 않기 때문에 조직의 막대한 IT자원에 대한 투자를 필요로 하지 않는다.
   - 사용량 기반 과금제

2) 특징
   ㉠ 자원의 공유
   ㉡ 광범위한 네트워크를 통한 접속
   ㉢ 빠른 탄력성
   ㉣ 서비스 용량의 측정
   ㉤ 주문형 셀프서비스

3) 장점
   ㉠ 단기간 필요한 서비스에 적합
   ㉡ 규모, 부하의 변화가 큰 서비스
   ㉢ 비전략적, 범용 애플리케이션

10 데이터 중복을 최소화하고 무결성을 극대화하며, 최상의 성능을 달성할 수 있도록 관계형 데이터베이스를 분석하고 효율화하는 과정을 지칭하는 용어는? ▶ 2015년 공인노무사

① 통합화(integration)
② 최적화(optimization)
③ 정규화(normalization)
④ 집중화(centralization)
⑤ 표준화(standardization)

해설 정규화

1) 데이터 중복을 최소화하고 무결성을 극대화하며, 최상의 성능을 달성할 수 있도록 관계형 데이터베이스를 분석하고 효율화하는 과정을 지칭하는 용어
2) 제대로 조직되지 않은 테이블들과 관계들을 작고 잘 조직된 테이블과 관계들로 나누는 것을 포함한다.
3) 정규화의 목적 : 하나의 테이블에서 데이터의 삽입, 삭제, 변경이 정의된 관계들로 인하여 데이터베이스의 나머지 부분들로 전파되게 하는 것

11 USB는 컴퓨터와 주변장치(키보드, 마우스, 메모리스틱 등)를 연결하는 장치이다. 여기서, USB는 U = Universal, S = Serial, B = (　　　)의 약자이다. 괄호 안에 들어갈 단어는?

▶ 2015년 공인노무사

① Bit
② Bus
③ Box
④ Boot
⑤ Base

해설 ② USB = Universal Serial **BUS**

오답해설

① bit(비트, binary digit) : 비트는 컴퓨터 데이터의 가장 작은 단위이며, 하나의 2진수값(0 또는 1)을 가진다.
③ box(박스) : 시스템 또는 프로그램의 논리 단위를 표현하기 위해 사용되는 순서도의 기호
④ boot(부트) : 컴퓨터를 부팅시킨다는 것은 운영체계를 컴퓨터 메모리(RAM)에 적재시키는 것이다. 운영체계가 일단 로드되면 사용자의 응용 프로그램을 실행시킬 준비가 된 것이다.
⑤ base(베이스) : 전자관 혹은 진공관 용어로, 진공관용기에 장착된 부품이다. 전극을 외부회로에 접속하기 위한 핀이나 접점을 가지며 홀더에 플러그인 된다.

12 경영정보시스템의 분석 및 설계 과정에서 수행하는 작업이 아닌 것은? ▶ 2016년 공인노무사

① 입력 자료의 내용, 양식, 형태, 분량 분석
② 출력물의 양식, 내용, 분량, 출력주기 정의
③ 시스템 테스트를 위한 데이터 준비, 시스템 수정
④ 자료가 출력되기 위해 필요한 수식연산, 비교연산, 논리연산 설계
⑤ 데이터베이스 구조 및 특성, 자료처리 분량 및 속도, 레코드 및 파일 구조 명세화

해설 ③ 시스템 테스트를 위한 데이터 준비, 시스템 수정은 시스템 구현 및 유지보수 단계의 작업이다.

〈참고〉 시스템 개발 과정
소프트웨어 개발 생명주기 : 계획, 분석, 설계, 구현으로 구성
1. **계획**에서의 타당성 분석
　1) 기술적 타당성(개발할 수 있는 능력이 있는가?)
　2) 경제적 타당성(비즈니스 가치를 제공할 수 있는가?)
　3) 조직적 타당성(구축한다면 사용될 것인가?)
2. **분석**에서의 세 가지 단계
　1) 분석 전략 수집 : 현재 시스템에 대한 분석과 그 문제점, 새로운 시스템의 설계 방향이 포함
　2) 요구 수집 : 비즈니스 분석 모델을 개발하는 데 기초가 됨
　3) 문서화 : 시스템 제안서 작성

정답 ▶ 10 ③ 11 ② 12 ③

3. **설계**에서의 네 가지 단계
   1) 설계 전략 수집
   2) 아키텍처 설계
   3) 데이터 설계
   4) 프로그램 설계
4. **구현**에서의 세 가지 단계
   1) 시스템 구축 : 시스템이 설계대로 구현되었는지 테스트
   2) 시스템 설치
   3) 지원 계획 : 개발한 시스템을 위한 지원 계획을 확립한다.

〈참고〉 시스템 개발 수명주기(SDLC : System Development Life Cycle)
SDLC란 PLC(Product life cycle)와 같은 의미를 시스템 개발에 적용시킨 것이다.
"What" → "How" → "Change"
(1) 시스템 분석 : 문제의 정의, 타당성 평가, 정보요구분석, 논리적 설계
(2) 시스템 설계 : 물리적 시스템 설계, 물리적 DB 설계, 프로그램 작성, 지침서 등의 작성
(3) 시스템 실행/유지보수 : 변경, 운용, 유지보수, 사후감사

단계	설명
타당성 조사(feasibility study)	조직적/경제적/기술적/운영적/동기적 타당성
시스템 분석(systems analysis)	조직분석/현재 시스템 분석/시스템 요구사항 분석
시스템 설계(systems design)	인터페이스 설계/데이터 설계/프로그램 설계
시스템 구축(systems implementation)	하드웨어, 소프트웨어 획득/테스팅/시스템 전환
시스템 운영(systems operation)	시스템 유지/보수/개선

1. 타당성 조사

   시스템을 개발하기 전에 기술적 타당성을 포함한 시스템 개발의 조직 전반 입장에서의 합목적성을 고려하여야 한다. 조직적 타당성은 개발하려는 시스템이 조직의 전략적 비전/전략/실행계획 등과 관련하여 합목적성을 가지고 있는가를 검토하는 것이다. 경제적 타당성은 표현 그대로 투자 재원 확보, 이익 증가, 회수기간의 적정성 등을 말하며, 운영적 타당성은 시스템 개발 후 운영/관리상의 제반 문제(조직적 지원, 예산, 인적 자원)에 관한 타당성을 말한다. 동기적 타당성은 시스템의 최종사용자가 시스템 개발과 운영과정에 적극적으로 참여하려는 동기가 충분한가에 관한 것이다.

2. 시스템 분석

   시스템 분석은 사용자가 시스템으로부터 원하는 것을 도출하는 과정으로서 이 단계를 거쳐 시스템 요구사항이 결정된다. 우선 시스템 분석은 조직분석, 현재 시스템 분석, 요구사항 분석으로 나눌 수 있다.

분석	내용
조직분석	최종사용자와 조직의 정보에 대한 요구
현재 시스템 분석	현재의 정보시스템의 활동, 자원, 출력물 등 분석
시스템 요구사항 분석	최종사용자의 정보에 대한 요구를 만족시키는 데 필요한 정보시스템의 능력

조직 분석은 시스템이 사용될 조직 전반에 대한 것으로 이를 통하여 시스템 개발 시 고려할 사항 혹은 제한점 등을 알아낸다. 또한 기존 활용되고 있는 시스템에 대한 분석이 필수적이다. 특히 요즘 들어 시스템 통합이 중요해짐에 따라 기존 시스템의 플랫폼(platform)과 데이터베이스와 호환되는 시스템을 개발하는 것은 유연하고 효율적인 시스템 개발에 절대적이라고 할 수 있다. 시스템 분석 단계의 마지막인 시스템 요구사항 분석은 사용자가 시스템으로부터 원하는 정보요구를 시스템분석가가 도출하는 것이다. 이는 사용자 인터페이스 요구사항, 처리사항, 저장사항, 제어 요구사항 등으로 이루어져 있다. 구체적인 내용은 다음과 같다.

시스템 요구 사항	내용
사용자 인터페이스 요구사항	최종사용자의 정보 **입력과 출력에 대한 형태 및 내용, 양에 대한 요구**
처리 요구사항	입력을 출력으로 바꾸는데 **요구되는 각종 계산, 결정 규칙, 용량, 응답시간에 대한 요구**
저장 요구사항	• **데이터베이스의 구조, 내용, 규모에 대한 요구** • 갱신, 조회의 유형 및 빈도에 대한 요구 • 자료 유지에 대한 길이와 원리에 대한 요구
제어 요구사항	입력, 처리, 출력 및 저장 기능에 대한 정확도, 안전성, 보안성, 유효성에 대한 요구

3. 시스템 설계

이 단계는 시스템 분석단계의 산물인 사용자 요구사항을 만족시킬 수 있는 시스템을 설계하는 것으로 사용자 인터페이스(interface) 설계, 자료설계, 처리설계로 나눌 수 있다. 인터페이스 설계는 화면구성, **입출력 양식 등에 대한 설계**를 말하고, 자료설계는 **데이터베이스에 포함되는 파일의 구성과 그 형태**에 대한 것이며, 처리설계는 제안된 시스템의 프로그램 부분으로 각 모듈의 명세와 각 모듈의 상호작용에 대한 것이다.

4. 시스템 구축

시스템 설계단계에서 마련된 설계명세(design specifications)를 바탕으로 하드웨어와 소프트웨어를 구입 혹은 실제 제작하는 단계가 시스템 구축단계이다. 이 단계는 시스템 구현과 더불어 시스템 **테스팅(testing)과 시스템 관련 문서화(documentation)**가 이루어진다. 특히 문서화는 하드웨어, 프로그램, 데이터 등에 대한 기록으로 사용자와 개발자, 운영/보수자, 장래 개발자 모두를 위해 필수적이다. 구축단계의 마지막은 시스템 전환(Systems conversion) 활동이다.

5. 시스템의 운영

마지막으로 시스템 구축이 끝나면 시스템 운영단계에 들어간다. 이는 정상적으로 시스템이 사용자에게 사용될 수 있도록 제반 시스템관리와 운영을 포함한다. 또한 **시스템 유지보수(maintenance)**를 통하여 사용 중 발생하는 오류 수정과 업무처리 변화와 조직 환경변화에 따라 시스템을 변경하여야 한다.

13 빅데이터(big data)의 기본적 특성(3v)으로 옳은 것을 모두 고른 것은? ▸2017년 공인노무사

> ㄱ. 거대한 양(volume) ㄴ. 모호성(vagueness)
> ㄷ. 다양한 형태(variety) ㄹ. 생성 속도(velocity)

① ㄱ, ㄴ ② ㄴ, ㄷ
③ ㄱ, ㄴ, ㄹ ④ ㄱ, ㄷ, ㄹ
⑤ ㄴ, ㄷ, ㄹ

해설 빅데이터(big data)의 기본적 특성 : (3v) + value(4v)

1) 거대한 양(volume, 대규모 분석) : 수집되고 분석되는 데이터 양이 매우 큼
2) 다양한 형태(variety, 다양성, 복합 분석) : 정형화된 데이터뿐만 아니라 비정형, 반정형 데이터도 포함
3) 생성 속도(velocity, 변화 속도, 실시간 분석) : 실시간 데이터 생성, 활용, 분석, 처리

14 빅데이터 기술에 관한 설명으로 옳지 않은 것은? ▸2016년 공인노무사

① 관계형 데이터베이스인 NoSQL, Hbase 등을 분석에 활용한다.
② 구조화되지 않은 데이터도 분석 대상으로 한다.
③ 많은 양의 정보를 처리한다.
④ 빠르게 변화하거나 증가하는 데이터도 분석이 가능하다.
⑤ 제조업, 금융업, 유통업 등 다양한 분야에 활용된다.

해설 SQL, NoSQL, Hbase

- SQL : 관계형 데이터베이스 관리시스템의 데이터 관리를 위해 설계된 특수목적 프로그래밍 언어
- NoSQL
  ㉠ 전통적 데이터베이스가 아닌 키–값 형태의 단순한 구조의 초대용량 저장소
  ㉡ 빅데이터 저장과 분석에 포괄적으로 사용됨
  ㉢ 비정형 데이터 처리를 위한 기술
  ㉣ 수평적 확장에 강점을 가진 비관계형 데이터베이스
- Hbase : 대용량 데이터 처리 능력을 위한 분산처리 기술

15 다음에서 설명하는 것은?

▶ 2016년 공인노무사

기업의 자재, 회계, 구매, 생산, 판매, 인사 등 모든 업무의 흐름을 효율적으로 지원하기 위한 통합정보 시스템

① CRM
② SCM
③ DSS
④ KMS
⑤ ERP

해설 ⑤ 기업의 자재, 회계, 구매, 생산, 판매, 인사 등 모든 업무의 흐름을 효율적으로 지원하기 위한 통합 정보 시스템은 ERP(전사적 자원관리)이다.

16 모바일 비즈니스의 특성으로 옳지 않은 것은?

▶ 2017년 공인노무사

① 편재성
② 접근성
③ 고정성
④ 편리성
⑤ 접속성

해설 ③ 모바일 비즈니스는 고정성보다는 이동성의 장점이 있다.

17 네트워크 붕괴를 목적으로 다수의 잘못된 통신이나 서비스 요청을 특정 네트워크 또는 웹 서버에 보내는 방식을 의미하는 것은?

▶ 2018년 공인노무사

① 스푸핑(spoofing)
② 스니핑(sniffing)
③ 서비스 거부 공격(denial-of-service attack)
④ 신원 도용(identity theft)
⑤ 피싱(phishing)

해설 ③ 서비스 거부 공격(−拒否 攻擊, denial-of-service attack, DoS attack) 또는 DoS 공격/도스 공격 (DoS attack)은 시스템을 악의적으로 공격해 해당 시스템의 **리소스를 부족하게 하여** 원래 의도된 용도로 **사용하지 못하게 하는** 공격이다. 대량의 데이터 패킷을 통신망으로 보내고 특정 서버에 수많은 접속 시도를 하는 등 다른 이용자가 정상적으로 서비스 이용을 하지 못하게 하거나, 서버의 TCP 연결을 바닥내는 등의 공격이 이 범위에 포함된다. 수단, 동기, 표적은 다양할 수 있지만, 보통 인터넷 사이트 서비스 기능의 일시적 또는 영구적 방해 및 중단을 초래한다. 통상적으로 DoS는

정답 13 ④ 14 ① 15 ⑤ 16 ③ 17 ③

유명한 사이트, 즉 은행, 신용카드 지불 게이트웨이, 또는 심지어 루트 네임 서버(root name server)를 상대로 이루어진다.

분산 서비스 거부 공격(Distributed DoS attack) 또는 DDoS 공격/디도스 공격(DDoS attack)은 **여러 대의 공격자를 분산적으로 배치해 동시에 서비스 거부 공격을** 하는 방법이다. 이는 IAB의 정당한 인터넷 사용 정책에 반하는 것으로 여겨지며 거의 모든 인터넷 서비스 공급자의 허용할 수 있는 사용 정책도 위반한다. 또한 개별 국가의 법률에도 저촉된다.

오답해설

① 스푸핑(spoofing)이란 초단타 매매로 시세를 조작해 차익을 남기는 거래다. 2018년 미국 시카고 상품거래소(CME)가 하나금융투자의 시세 조작 행위에 대해 과태료를 부과하기로 결정했다. IT에서는 **웹사이트를 통해 이용자 정보를 빼 가는 해킹 수법을** 의미하기도 한다.

② 패킷 분석기, 패킷 애널라이저(packet analyzer/network analyzer), 패킷 스니퍼(packet sniffer/network sniffer)는 디지털 네트워크나 네트워크의 일부를 통해 전달되는 트래픽을 가로채거나 기록할 수 있는 컴퓨터 프로그램 또는 컴퓨터 하드웨어를 의미한다. 이러한 도구를 사용하여 네트워크 통신 내용을 몰래 도청하는 행위를 패킷 가로채기 또는 **스니핑(sniffing)**이라고 한다.

④ 신원 도용(identity theft) 또는 신분 위장 절도(identity theft)는 다른 누군가로 가장하려고 그 사람의 주민번호, 운전면허증번호, 신용카드번호 등 개인 핵심정보를 빼내는 범죄를 말한다. 이러한 정보는 피해자의 이름으로 신용 구매를 하거나 제품을 구매 및 서비스를 받는데 사용될 수 있고, 범죄자가 위조 신분증명서를 만드는 데 사용되는 등 여러 범죄를 일으키는데 사용될 수 있다.

⑤ 피싱(phishing)은 불특정 다수의 이메일 사용자에게 신용카드나 은행 계좌정보에 문제가 발생해 수정이 필요하다는 거짓 이메일을 발송해 가짜 웹 사이트로 유인하여 관련 금융기관의 신용카드 정보나 계좌정보 등을 빼내는 신종 해킹 기법이다. 개인 정보(private data)와 낚시(fishing)의 합성어로 낚시하듯이 개인 정보를 몰래 빼내는 것을 말한다.

18 다음에서 설명하는 것은?

▶ 2018년 공인노무사

> 지리적으로 분산된 네트워크 환경에서 수많은 컴퓨터와 저장장치, 데이터베이스 시스템 등과 같은 자원들을 고속 네트워크로 연결하여 그 자원을 공유할 수 있도록 하는 방식

① 전문가 시스템(Expert System)　　② 그린 컴퓨팅(Green Computing)
③ 사물인터넷(Internet of Things)　　④ 그리드 컴퓨팅(Grid Computing)
⑤ 인트라넷(Intranet)

해설 그리드 컴퓨팅(grid computing)

1) 모든 컴퓨팅 기기를 하나의 초고속 네트워크로 연결하여, 컴퓨터의 계산능력을 극대화한 차세대 디지털 신경망 서비스

2) 일반적으로 그리드 컴퓨팅은 PC나 서버, PDA 등 모든 컴퓨팅 기기를 하나의 네트워크로 연결해, 정보처리 능력을 슈퍼컴퓨터 혹은 그 이상 수준으로 극대화시키는 것이다. 즉, 분산된 컴퓨팅 자원을 초고속네트워크로 모아 활용하는 개념이다.

3) 그리드 컴퓨팅 네트워크는 월드와이드웹(www)보다 1만 배 빠른 속도로 정보를 처리할 수 있다.

19 경영정보시스템 용어에 관한 설명으로 옳지 않은 것은? ▶ 2020년 공인노무사

① 비즈니스 프로세스 리엔지니어링(business process reengineering)은 새로운 방식으로 최대한의 이득을 얻기 위해 기존의 비즈니스 프로세스를 변경하는 것이다.

② 비즈니스 인텔리전스(business intelligence)는 사용자가 정보에 기반하여 보다 나은 비즈니스 의사결정을 돕기 위한 응용프로그램, 기술 및 데이터 분석 등을 포함하는 시스템이다.

③ 의사결정지원시스템(decision support system)은 컴퓨터를 이용하여 의사결정자가 효과적인 의사결정을 할 수 있도록 지원하는 시스템이다.

④ 위키스(Wikis)는 사용자들이 웹페이지 내용을 쉽게 추가·편집할 수 있는 웹사이트의 일종이다.

⑤ 자율 컴퓨팅(autonomous computing)은 지리적으로 분산된 네트워크 환경에서 수많은 컴퓨터와 데이터베이스 등을 고속 네트워크로 연결하여 공유할 수 있도록 한다.

해설 ⑤는 그리드 컴퓨팅(Grid Computing)에 대한 설명이다.

자율 컴퓨팅(autonomic computing)은 자신의 환경을 스스로 설정하고, 자신을 스스로 최적화해 조율하고, 고장이 나면 스스로 고치며, 외부의 침입과 자멸에서 스스로 자신을 방어할 수 있는 시스템을 개발하려는 전 산업적인 노력의 대상이다.

이를테면 컴퓨터 바이러스에 침입 당했다는 것을 스스로 감지할 수 있는 데스크톱 PC를 상상할 수 있다. 컴퓨터 바이러스가 침입하는 것을 무턱대고 허용하는 대신, 이 PC는 바이러스를 식별하고 제거하거나, 작업 부담을 다른 프로세서로 넘기거나, 바이러스가 파일을 손상시키기 전에 스스로 작업을 정지한다.

정답 18 ④ 19 ⑤

20 스마트폰에 신용카드 등의 금융정보를 담아 10~15cm의 근거리에서 결제를 가능하게 하는 무선통신기술은?

▸ 2019년 공인노무사

① 블루투스(Bluetooth)
② GPS(Global Positioning System)
③ NFC(Near Field Communication)
④ IoT(Internet of Things)
⑤ 텔레매틱스(Telematics)

해설 ③ NFC(Near Field Communication, 근거리 무선통신)는 표준 기반 연결 기술로 이를 사용하면 거래와 디지털 콘텐츠 교환, 장치 연결이 더 편해진다. 다양한 장치 간의 근거리 무선통신이 가능한 기술로 무단 통신을 방지한다. 약 1cm인 최대 판독 거리 내에 두 대의 NFC 장치를 함께 두면 활성화된다.

NFC로 휴대폰과 다른 NFC 장치(IC 태그, 휴대폰, 기타 모바일 장치, 결제 장치, 홈 오디오 및 비디오 장치 등) 간에 정보를 전송할 수 있다. 예를 들어 웹 주소, 연락처, 전화번호, 음악 트랙, 비디오, 사진을 공유할 수 있다.

오답해설

⑤ 텔레매틱스(Telematics)는 무선통신과 GPS 기술이 결합되어 자동차에서 위치 정보, 안전 운전, 오락, 금융 서비스, 예약 및 상품 구매 등의 다양한 이동통신 서비스 제공을 의미한다. 좀 더 넓은 의미에서 원격 진료 및 원격 검진을 포함하여 지칭하기도 한다.

21 전자(상)거래의 유형에 관한 설명으로 옳은 것은?

▸ 2020년 공인노무사

① B2E는 기업과 직원 간 전자(상)거래를 말한다.
② B2C는 소비자와 소비자 간 전자(상)거래를 말한다.
③ B2B는 기업 내 전자(상)거래를 말한다.
④ C2C는 기업과 소비자 간 전자(상)거래를 말한다.
⑤ C2G는 기업 간 전자(상)거래를 말한다.

해설 **오답해설**

② B2C는 기업과 소비자 간 전자(상)거래를 말한다.
③ B2B는 기업과 기업 간 전자(상)거래를 말한다.
④ C2C는 소비자와 소비자 간 전자(상)거래를 말한다.
⑤ C2G는 소비자와 국가(공공기관) 간 전자(상)거래를 말한다.

22 기업이 미래 의사결정 및 예측을 위하여 보유하고 있는 고객, 거래, 상품 등의 데이터와 각종 외부 데이터를 분석하여 숨겨진 패턴이나 규칙을 발견하는 것은? ▶ 2020년 공인노무사

① 데이터 관리(data management)
② 데이터 무결성(data integrity)
③ 데이터 마이닝(data mining)
④ 데이터 정제(data cleaning)
⑤ 데이터 마트(data mart)

해설 〈데이터 마이닝(data mining)〉

1) 데이터 베이스 내에서 어떠한 방법(순차 패턴, 유사성 등)에 의해 관심 있는 지식을 찾아내는 과정
2) 데이터 마이닝은 대용량의 데이터 속에서 유용한 정보를 발견하는 과정이며, 기대했던 정보뿐만 아니라 기대하지 못했던 정보를 찾을 수 있는 기술을 의미한다.
3) 데이터 마이닝을 통해 정보의 연관성을 파악함으로써 가치 있는 정보를 만들어 의사 결정에 적용함으로써 이익을 극대화시킬 수 있다.

〈데이터베이스 관리시스템(DataBase Management System, DBMS)〉

1) 데이터베이스 관리시스템이란 데이터베이스를 관리하며 응용 프로그램들이 데이터베이스를 공유하며 사용할 수 있는 환경을 제공하는 소프트웨어다.
2) 데이터베이스를 직접 응용 프로그램들이 조작하는 것이 아니라 데이터베이스를 조작하는 별도의 소프트웨어가 있는데 이를 데이터베이스 관리시스템(DBMS)이라 한다.
3) 데이터베이스 관리시스템은 데이터베이스를 구축하는 틀을 제공하고, 효율적으로 데이터를 검색하고 저장하는 기능을 제공한다.
4) 또한 응용 프로그램들이 데이터베이스에 접근할 수 있는 인터페이스를 제공하고, 장애에 대한 복구 기능, 사용자 권한에 따른 보안성 유지 기능 등을 제공한다.

〈데이터베이스 관리시스템(DBMS)의 장점〉

1) 파일처리 방식에서 발생할 수 있는 데이터의 중복성과 불일치성을 감소시킨다.
2) 다수의 응용 프로그램에서 데이터를 공유할 수 있다.
3) 응용 프로그램과 데이터 간의 의존성을 줄여준다.
4) 파일처리 방식보다 데이터 보안을 강화할 수 있다.
5) 데이터의 표준화 작업을 용이하게 한다.

〈데이터 무결성(data integrity)〉

1) 데이터 무결성은 데이터의 Lifecycle 동안 모든 데이터의 정확성, 일관성, 유효성이 유지되는 것을 의미한다. '데이터 완전성'이라고도 한다. 정확성이란 중복이나 누락이 없는 상태를 뜻하고, 일관성은 원인과 결과의 의미가 연속적으로 보장되어 변하지 않는 상태를 뜻한다. 다시 말해 '데이터'는 우연하게 또는 의도적으로 변경되거나 파괴되는 상황에 노출되지 않고 보존돼야 한다.
2) 만약 데이터베이스에서 데이터 무결성 설계를 하지 않는다면 테이블에 중복된 데이터 존재, 부모와 자식 데이터 간의 논리적 관계 깨짐, 잦은 에러와 재개발 비용 발생 등과 같은 문제가 발생할 것이다.
3) 그렇기 때문에 DBMS에서 데이터의 무결성이 유지되는 것은 중요한 사항이며, 주로 데이터에 적용되는 연산에 제한을 두어 데이터의 무결성을 유지한다.

정답 20 ③ 21 ① 22 ③

〈데이터 무결성의 5가지 성질〉

1) 기인성(Attributable) : 기록된 작업을 수행한 개인 또는 컴퓨터 시스템을 식별할 수 있어야 한다. 작업/기능을 수행한 사람에 대해 문서화할 필요성은 숙련되고 자격을 갖춘 직원이 기능을 수행했음을 입증하기 위함이다.

2) 가독성(Legible) : 정보를 어떤 식으로 사용하기 위해 모든 기록은 읽을 수 있어야 한다.

3) 동시성(Contemporaneous) : 행동, 사건 또는 결정의 증거는 발생 시에 기록해야 한다. 이는 당시 결정에 영향을 준 이유를 정확하게 입증하는 역할을 한다.

4) 원본성(Original) : 원본 기록은 종이 또는 전자에 기록되는 정보의 첫 번째 캡처로 설명할 수 있어야 한다.

5) 정확성(Accurate) : 결과 및 기록의 정확성을 보장하는 것은 여러 요소를 통해 가능하다.

〈데이터 정제(data cleansing), 데이터 세정〉

1) 데이터 정제는 data cleaning, data scrubbing, data cleansing 등 다양하게 불린다.

2) 가장 일반적인 데이터 정제의 목적은 데이터의 오류를 잡아내 보다 신뢰할 수 있는 분석 결과를 도출하는 데 있다.

3) 그 방법으로 데이터 내에 존재하는 철자 오류의 교정, 이름이 잘못된 변수의 변환, 결측값(missing value) 처리 등이 있다.

〈데이터 웨어하우스(data warehouse) : 정보(data)와 창고(warehouse)의 합성어〉

1) 데이터베이스 시스템에서 의사 결정에 필요한 데이터를 미리 추출하여, 이를 원하는 형태로 변환하고 통합한 읽기 전용의 데이터 저장소다. 데이터 웨어하우스는 데이터베이스 시스템 하나를 대상으로 할 수도 있고 여러 개를 대상으로 할 수도 있다.

2) 일반 데이터베이스는 운영 데이터의 집합으로, 데이터의 삽입, 삭제, 수정을 수행하는 트랜잭션 처리 중심의 업무를 위한 것이다. 반면 데이터 웨어하우스는 의사 결정을 위한 정보의 집합으로, 검색 위주의 의사 결정 업무를 위한 것이다.

3) 일반 데이터베이스는 최신의 데이터를 유지하지만, 데이터 웨어하우스는 올바른 의사 결정을 위해 현재의 데이터와 과거의 데이터를 함께 유지하는 경우가 많다.

〈데이터 웨어하우스의 특징〉

주제 지향성 (subject-orientation)	데이터를 주제별로 구성함으로써 최종 사용자(end user)와 전산에 약한 분석자라도 이해하기 쉬운 형태로 유지한다.
통합성 (integration)	데이터가 데이터 웨어하우스에 들어갈 때는 일관적인 형태(데이터의 일관된 이름짓기, 일관된 변수 측정, 일관된 코드화 구조 등)로 변환되어 데이터의 통합성이 유지된다.
시계열성 (time-variancy)	데이터 웨어하우스의 데이터는 일정 기간 동안 정확성을 유지한다.
비휘발성 (nonvolatilization)	데이터 웨어하우스에 일단 데이터가 적재되면 일괄 처리(batch) 작업에 의한 갱신 이외에는 「Insert」나 「Delete」 등의 변경이 수행되지 않는다.

〈OLAP(On-Line Analytical Processing, 온라인 분석 처리)〉

1) 다차원 데이터 구조를 이용하여 다차원의 복잡한 질의를 고속으로 처리하는 데이터 분석 기술이다. 기업의 분석가, 관리자 및 임원들은 OLAP 기술을 통해 필요한 정보에 대해 대화형으로 빠르게 접근 가능하다.

2) OLAP 시스템은 단독으로 존재하는 정보 시스템이 아니며, 데이터 웨어하우스나 데이터 마트와 같은 시스템과 상호 연관된다.

3) 데이터 웨어하우스가 데이터를 저장하고 관리한다면, OLAP는 데이터 웨어하우스의 데이터를 전략적인 정보로 변환시키는 역할을 한다.

〈데이터 마트(data mart)〉

1) 데이터 웨어하우스와 사용자 사이의 중간층에 위치한 것으로, 하나의 주제 또는 하나의 부서 중심의 데이터 웨어하우스라고 할 수 있다.

2) 데이터 마트 내 대부분의 데이터는 데이터 웨어하우스로부터 복제되지만, 자체적으로 수집될 수도 있으며, 관계형 데이터베이스나 다차원 데이터베이스를 이용하여 구축한다.

23 컴퓨터, 저장장치, 애플리케이션, 서비스 등과 같은 컴퓨팅 자원의 공유된 풀(pool)을 인터넷으로 접근할 수 있게 해주는 것은? ▸ 2022년 공인노무사

① 클라이언트/서버 컴퓨팅(client/server computing)
② 엔터프라이즈 컴퓨팅(enterprise computing)
③ 온프레미스 컴퓨팅(on-premise computing)
④ 그린 컴퓨팅(green computing)
⑤ 클라우드 컴퓨팅(cloud computing)

해설 ⑤ 클라우드 컴퓨팅 : 정보처리를 자신의 컴퓨터가 아닌 인터넷으로 연결된 다른 컴퓨터로 처리하는 기술이다. 빅데이터를 처리하기 위해서는 다수의 서버를 통한 분산처리가 필수적이다. 인터넷 기술을 활용하여 가상화된 IT자원을 서비스로 제공하는 방식으로 사용자는 소프트웨어, 스토리지, 서버, 네트워크 등 다양한 IT자원을 필요한 만큼 빌려서 사용한다. 서버나 시스템의 구매가 필요치 않기 때문에 조직의 막대한 IT자원에 대한 투자를 필요로 하지 않는다.

오답해설

① 클라이언트/서버 컴퓨팅(client/server computing) : 클라이언트인 데스크톱 컴퓨터나 노트북 컴퓨터는 네트워크를 통해 클라이언트 컴퓨터에 다양한 서비스 및 기능을 제공하는 서버와 연결된다. 이처럼 클라이언트/서버 컴퓨터 간 컴퓨터의 처리 작업은 서로 분리되었다. 클라이언트가 사용자 입력에 초점을 맞춘 반면, 서버는 공유 데이터의 처리 및 저장, 웹 페이지 지원, 또는 네트워크 활동 관리 등의 역할을 수행한다.

② 엔터프라이즈 컴퓨팅(enterprise computing) : 통합된 대규모 시스템에서 사용되는 컴퓨터 기술의 집합으로 "공동의 목적을 이루기 위해 컴퓨터를 활용하는 것"에서 개인의 목적이 아니라는 것, 그리고 개개인의 전문 분야 간의 관계를 세세히 따지지 않고 컴퓨터를 활용한다는 것에 중점을 둔 용어라는 특징이 있다.

③ 온프레미스 컴퓨팅(on-premise computing) : 온프레미스 컴퓨팅은 기업이나 조직이 하드웨어, 소프트웨어 등 모든 컴퓨팅 환경을 자체적으로 구축하고, 운영·유지·관리하는 것을 말한다. 클라우드 컴퓨팅 기술이 나오기 전까지 기업 인프라 구축의 일반적인 방식이었다. 시스템을 구축

정답 23 ⑤

하는데 많은 시간이 걸리고 부지비용, 설치비용, 운영비용 등 비용 측면에서 클라우딩 시스템과 비교하면 비효율적이다. 하지만 보안적인 이유로 비즈니스에 중요하고 보안이 필요한 서비스와 데이터는 온프레미스 환경에서 운영한다.

④ 그린 컴퓨팅(green computing) : 그린 컴퓨팅은 환경 용어로 컴퓨터나 주변기기의 환경에 대한 악영향을 최소화할 수 있도록 만들거나 개선하도록 유도하는 환경 운동의 일환으로, 컴퓨터를 제조, 사용, 폐기하는 일련의 과정에 있어 전방위적으로 환경에 대해 미치는 악영향을 최소화하자는 운동이다. 그린 컴퓨팅의 시작은 1990년대 초반 미국에서 발생한 수많은 환경운동에도 그 영향을 받았으며, 1990년대 초반부터, 2000년대 초반에 이르기까지 많은 기준이 세워지게 되었다. 그런 와중에 미국에서 조사 결과, 미국의 많은 IT 기업에서 소모되는 전기 에너지 중에서 약 70% 가량이 실제로는 사용되지 않는 대기 상태에서 전력 낭비가 되고 있다는 통계 결과는 그린 컴퓨팅의 도입을 가속화시켰다.

24

특정기업의 이메일로 위장한 메일을 불특정 다수에게 발송하여 권한 없이 데이터를 획득하는 방식은?

▶ 2022년 공인노무사

① 파밍(pharming)
② 스니핑(sniffing)
③ 피싱(phishing)
④ 서비스 거부 공격(denial-of-service attack)
⑤ 웜(worm)

해설 ③ 피싱(phishing) : 불특정 다수의 이메일 사용자에게 신용카드나 은행 계좌정보에 문제가 발생해 수정이 필요하다는 거짓 이메일을 발송해 가짜 웹 사이트로 유인하여 관련 금융기관의 신용카드 정보나 계좌정보 등을 빼내는 신종 해킹 기법이다. 개인정보(private data)와 낚시(fishing)의 합성어로 **낚시하듯** 개인정보를 몰래 빼내는 것을 말한다.

오답해설

① 파밍(pharming) : 합법적으로 소유하고 있던 사용자의 도메인을 탈취하거나 도메인 네임시스템(DNS) 또는 프락시 서버의 주소를 변조함으로써 사용자들로 하여금 진짜 사이트로 오인하여 접속하도록 유도한 뒤 개인정보를 훔치는 새로운 컴퓨터 범죄 수법이다. 해당 사이트가 공식적으로 운영하고 있던 도메인 자체를 중간에서 탈취하는 수법으로, '피싱(phishing)'에 이어 등장한 새로운 인터넷 사기 수법이다. 사용자가 아무리 도메인 또는 URL 주소를 주의 깊게 살피더라도 늘 이용하는 사이트로만 알고 아무런 의심 없이 접속하여 개인 아이디(ID)와 암호(password), 금융정보 등을 쉽게 노출시키게 된다. 따라서 피싱 방식보다 피해를 당할 우려가 더 크다. 피해를 방지하기 위해서는 브라우저의 보안성을 강화하고, 웹사이트를 속일 수 있는 위장기법을 차단하는 장치를 마련해야 한다. 또 전자서명 등을 이용하여 사이트의 진위 여부를 확실하게 가릴 수 있도록 해야 하고 사용하고 있는 DNS 운영 방식과 도메인 등록 등을 수시로 점검해야 한다.

② 패킷 분석기, 패킷 애널라이저(packet analyzer/network analyzer), 패킷 스니퍼(packet sniffer/ network sniffer) : 디지털 네트워크나 네트워크의 일부를 통해 전달되는 트래픽을 가로채거나 기

록할 수 있는 컴퓨터 프로그램 또는 컴퓨터 하드웨어를 의미한다. 이러한 도구를 사용하여 네트워크 통신 내용을 몰래 도청하는 행위를 패킷 가로채기 또는 **스니핑(sniffing)**이라고 한다.

④ 서비스 거부 공격(-拒否 攻擊, denial-of-service attack, DoS attack) 또는 DoS 공격/도스 공격(DoS attack) : 시스템을 악의적으로 공격해 해당 시스템의 **리소스를 부족하게 하여** 원래 의도된 용도로 **사용하지 못하게 하는** 공격이다. 대량의 데이터 패킷을 통신망으로 보내고 특정 서버에 수많은 접속 시도를 하는 등 다른 이용자가 정상적으로 서비스 이용을 하지 못하게 하거나, 서버의 TCP 연결을 바닥내는 등의 공격이 이 범위에 포함된다. 수단, 동기, 표적은 다양할 수 있지만, 보통 인터넷 사이트 서비스 기능의 일시적 또는 영구적 방해 및 중단을 초래한다. 통상적으로 DoS는 유명한 사이트, 즉 은행, 신용카드 지불 게이트웨이, 또는 심지어 루트 네임 서버(root name server)를 상대로 이루어진다.

⑤ 웜 바이러스(worm virus) : 컴퓨터 시스템을 파괴하거나 작업을 지연 또는 방해하는 악성 프로그램을 일반적으로 컴퓨터 바이러스라고 말한다. 컴퓨터 바이러스는 바이러스, 웜, 트로이목마로 나눌 수 있다. 컴퓨터 바이러스는 감염 대상을 갖고 파일에 기생하면서 다른 사용자에게로 옮겨 다니는 것이다. 웜이 컴퓨터 바이러스와 다른 점은 자기 복제를 한다는 것이다. 트로이목마는 사용자의 정보를 빼가는 악성 프로그램이다. 웜은 보통 인터넷 전자우편의 첨부 파일 형태로 퍼져 나가고, 일단 파일이 실행되어 웜에 감염되면 자기 복제를 통해 급속도로 퍼진다. 최근에 발견된 웜은 전자우편을 보낼 때마다 이름을 달리하여, 사용자가 쉽게 알아채지 못하는 등 피해가 점점 커지고 있다.

25

일반 사용자의 컴퓨터 시스템 접근을 차단한 후, 접근을 허용하는 조건으로 대가를 요구하는 악성코드는?

▸ 2023년 공인노무사

① 스니핑(sniffing)
② 랜섬웨어(ransomware)
③ 스팸웨어(spamware)
④ 피싱(phishing)
⑤ 파밍(pharming)

해설 ② 랜섬웨어(ransomware) : 컴퓨터 시스템을 감염시켜 접근을 제한하고 일종의 몸값을 요구하는 악성 소프트웨어의 한 종류다. 컴퓨터로의 접근이 제한되기 때문에 제한을 없애려면 해당 악성 프로그램을 개발한 자에게 지불을 강요받게 된다. 이때 암호화되는 랜섬웨어가 있는 반면, 어떤 것은 시스템을 단순하게 잠그고 컴퓨터 사용자가 지불하게 만들기 위해 안내문구를 띄운다.

오답해설

③ 스팸웨어 : 스팸 발송을 위해 스팸 발송자가 특별히 고안한 소프트웨어 유틸리티이다. Spamware 를 사용하면 전자메일 주소 목록을 검색, 정렬 및 컴파일하고 자동 전자메일 브로드 캐스트 솔루션을 제공할 수 있다. 스팸 또는 원치 않는 이메일을 의심하지 않는 수신자에게 보내는 데 사용할 수 있다. 이메일 목록 서버 소프트웨어는 스팸이 아닌 합법적인 목적으로 사용될 수 있으므로 대량 이메일을 보내는 모든 소프트웨어가 스팸웨어인 것은 아니다.

정답 24 ③ 25 ②

26 다음에서 설명하는 기술발전의 법칙은?

▶ 2023년 공인노무사

- 1965년 미국 반도체회사의 연구개발책임자가 주장하였다.
- 마이크로프로세서의 성능은 18개월마다 2배씩 향상된다.

① 길더의 법칙 ② 메칼프의 법칙
③ 무어의 법칙 ④ 롱테일 법칙
⑤ 파레토 법칙

해설 ③ 무어는 1965년 미국 반도체회사의 연구개발책임자로 마이크로프로세서의 성능은 18개월마다 2배씩 향상된다는 무어의 법칙을 주장하였다.

오답해설

① 길더의 법칙 : "가장 비싼 자원을 아끼기 위한 최선의 방법은 가장 값싼 자원을 마구 쓰는 것이다"라는 조지 길더의 말에서 유래된 정보통신 법칙이다. 무어의 법칙에 따른 반도체 성능의 고성능화와 멧칼프 법칙에 따른 네트워크 규모 증가에 기인한 네트워크 가치의 폭발적 상승에 힘입어 1990년대 이후 데이터 전송능력의 비약적 성장으로 인한 IT현상을 설명해 주는데 유용하다. Google이 가장 비싼 자원인 인력을 아끼기 위한 방법으로 가장 값싼 자원인 컴퓨팅 전력을 사용하는 것처럼, 현재 가장 값이 싼 자원인 컴퓨팅 전력과 광대역 통신의 성장세를 논리적으로 설명해 준다. 길더의 법칙은 광대역 전송능력의 발달로 인해서 과거에는 불가능했던 대용량 디지털 멀티미디어 콘텐츠를 인터넷을 통해 전송할 수 있게 된 현상을 설명해 준다. 무어의 법칙과 함께 정보 기술의 발전의 비약적인 속도를 설명하는 이론 중 하나이며, 무어의 법칙이 반도체 기술을 설명하고, 멧칼프의 법칙이 전체적인 네트워크의 폭발적 잠재력을 설명해 주었다면, 길더의 법칙은 네트워크의 범위 중에서도 광대역 통신으로 인한 IT현상의 변화를 설명해 준다.

② 메칼프(멧캐프)의 법칙(Metcalfe's law) : 통신망 사용자에 대한 효용성을 나타내는 망의 가치는 대체로 사용자 수의 제곱에 비례한다는 법칙이다. 1993년 조지 길더에 의해 이 형태로 처음 공식화되었고, 로버트 메칼프의 이더넷에 대한 공로로 인해 메칼프의 법칙이 1980년경에 제안되었으며 이는 사용자 측면이 아닌 호환 가능한 통신 장치(**예** 팩스머신, 전화 등)의 측면이 강했다. 메칼프의 법칙은 인터넷, 소셜 네트워킹, 월드 와이드 웹과 같은 통신 기술 및 네트워크의 많은 네트워크 효과를 특징으로 한다. 리드 헌트(Reed Hundt) 전 미국 연방통신위원회 위원장은 이 법칙이 인터넷의 작동 방식을 가장 잘 이해할 수 있게 해준다고 말했다. 메칼프의 법칙은 n 노드로 구성된 네트워크에서 가능한 고유한 연결 수는 n2에 점근적으로 비례하는 삼각형 수 n(n−1)/2로 수학적으로 표현될 수 있다는 사실과 관련이 있다.

이 법칙은 종종 팩스 기계의 예를 사용하여 설명되었다. 단일 팩스 기계는 그 자체로는 쓸모가 없고, 다른 팩스 기계와 연결될 때 가치가 있다. 모든 팩스 기계의 가치는 네트워크에 있는 전체 팩스 기계 수에 따라 증가한다. 네트워크 규모가 커질수록 문서 송수신이 늘어난다. 마찬가지로, 소셜 네트워크에서는 서비스를 사용하는 사용자 수가 많을수록 서비스가 커뮤니티에 더 가치가 있게 된다.

27 다음에서 설명하는 것은?

▸ 2024년 공인노무사

> • 데이터 소스에서 가까운 네트워크 말단의 서버들에서 일부 데이터 처리를 수행한다.
> • 클라우드 컴퓨팅 시스템을 최적화하는 방법이다.

① 엣지 컴퓨팅
② 그리드 컴퓨팅
③ 클라이언트/서버 컴퓨팅
④ 온디맨드 컴퓨팅
⑤ 엔터프라이즈 컴퓨팅

해설 ① 엣지 컴퓨팅 : 정보 저장 및 컴퓨팅 능력을 해당 정보를 생성하는 디바이스와 이를 소비하는 사용자에게 더 가까이 제공하는 프로세스이다. 즉, 데이터를 그 생성 위치와 가까운 곳에서 처리, 분석 및 저장하여 실시간에 가까운 빠른 분석과 응답을 가능하게 하는 것을 말한다. 전통적으로 애플리케이션은 센서 및 스마트폰과 같은 스마트 디바이스에서 중앙 데이터 센터로 데이터를 전송하여 처리해 왔다. 즉, 기업들은 클라우드에서 데이터 스토리지와 컴퓨팅을 중앙 집중화하여 운영을 통합해 왔다. 하지만 데이터의 전례 없는 복잡성과 규모는 네트워크 성능을 뛰어넘게 되었다. 예를 들면, 스마트 카메라, 모바일 POS 키오스크, 의료 센서, 산업용 PC와 같은 사물 인터넷(IoT) 장치에서 게이트웨이 및 컴퓨팅 인프라까지 데이터 소스에서 실시간에 가까운 빠른 인사이트를 얻기 위해 엣지 장치의 사용이 증가하면서 생성 및 수집되는 데이터의 양이 기하급수적으로 증가하고 있다. 첨단 창고 및 재고 관리 솔루션에서 비전 강화 로봇 제조 라인, 첨단 스마트 시티 트래픽 제어 시스템에 이르기까지 수십억 개의 분산 장치가 지원하는 새로운 사용 사례에 대한 요구로 인해 이 모델은 지속 가능하지 않게 되었다. 엣지 컴퓨팅 시스템은 처리 기능을 사용자 및 디바이스에 더 가깝게 전환함으로써 애플리케이션의 성능을 크게 개선하고 대역폭 요구 사항을 줄이며 더 빠른 실시간 인사이트를 제공한다. 또한, 고성능 처리, 짧은 지연 시간 연결 및 보안 플랫폼을 통해 장치에서 수집된 데이터의 이점을 누릴 수 있는 경로를 제공한다.

오답해설

③ 클라이언트/서버 컴퓨팅(client/server computing) : 클라이언트인 데스크톱 컴퓨터나 노트북 컴퓨터는 네트워크를 통해 클라이언트 컴퓨터에 다양한 서비스 및 기능을 제공하는 서버와 연결된다. 이처럼 클라이언트/서버 컴퓨터 간 컴퓨터의 처리 작업은 서로 분리되었다. 클라이언트가 사용자 입력에 초점을 맞춘 반면, 서버는 공유 데이터의 처리 및 저장, 웹 페이지 지원, 또는 네트워크 활동 관리 등의 역할을 수행한다.

④ 온디맨드 컴퓨팅 : 온디맨드(On-demand) 서비스는 사용자가 필요할 때 즉시 자원을 요청(주문형 서비스)하고, 그만큼만 비용을 지불하는 방식의 클라우드 컴퓨팅 모델이다. 기존의 IT 인프라에서는 서버를 구매하고 설치하는데 시간이 많이 소요되지만, 온디맨드(On-demand) 서비스는 필요할 때 바로 자원을 사용할 수 있어 유연하고 효율적인 자원 관리가 가능하다. 여기서 말하는 '자원'이란? 컴퓨팅 파워, 데이터베이스, 스토리지, 애플리케이션 및 기타 IT 리소스 등을 말한다. 온디맨드(On-demand) 서비스 특징으로는 실시간 이용 가능, 인터넷 기반, 사용량 기반 과금, 다양한 산업 분야에서 활용, 개인화된 경험, 확장성 등을 들 수 있다. 즉, 온디맨드 서비스는 IT 자원을 필요할 때마다 즉시 사용하며, 유연하고 효율적인 자원 관리와 비용절감이 가능하고, 사용한 만큼만 비용을 지불하기 때문에 초기 비용 부담이 없고, 비즈니스 변화에 빠르게 대응할 수 있는 장점이 있다.

정답 ▸ 26 ③ 27 ①

⑤ 엔터프라이즈 컴퓨팅(enterprise computing) : 통합된 대규모 시스템에서 사용되는 컴퓨터 기술의 집합으로 "공동의 목적을 이루기 위해 컴퓨터를 활용하는 것", 개인의 목적이 아니라는 것, 그리고 개개인의 전문 분야 간의 관계를 세세히 따지지 않고 컴퓨터를 활용한다는 것에 중점을 둔 용어라는 특징이 있다.

28 비정형 텍스트 데이터의 가치와 의미를 찾아내는 빅데이터 분석기법은? ▶2024년 공인노무사

① 에쓰노그라피(ethnography) 분석
② 포커스그룹(focus group) 인터뷰
③ 텍스트 마이닝
④ 군집 분석
⑤ 소셜네트워크 분석

해설 ③ 텍스트 마이닝(Text Mining) : "문서(Text) 채굴(Mining)"은 데이터 분석 관점에서 텍스트 형태의 비정형 데이터로부터 새로운 고급 정보를 이끌어 내는 과정이라고 할 수 있다. 비정형 데이터란 웹페이지, 블로그, 전자저널, e-mail 등 전자문서로 된 텍스트 자료를 말한다. 반대로 정형 데이터란 대규모 DB에 축적되어 있는 상품 거래, 서비스 거래, 전자우편 송수신 기록 등이 기록된 자료이다. 이를 다시 정리하면 다음과 같다.

- 텍스트 마이닝(Text Mining) : 대규모 텍스트 형태의 비정형 데이터로부터 유용한 정보를 찾는 것
- 데이터 마이닝(Data Mining) : 대규모 DB에 저장된 자료와 같이 정형화된 데이터로부터 유용한 정보를 찾는 것

즉, 텍스트 마이닝은 말 그대로 텍스트 형태의 데이터에 마이닝 기법을 적용한 것이다. 텍스트에 나타나는 단어를 분해(정제)하고, 특정 단어의 출현 빈도, 동시출현 빈도를 파악하여 단어들 간의 관계를 분석하는 방법을 텍스트 마이닝이라고 한다. 텍스트 마이닝을 하기 위해서는 문서로부터 텍스트를 추출해야 한다. 모든 문서의 포맷이 통일되어 있다면 데이터의 수집이 굉장히 수월하겠지만, 안타깝게도 우리가 한글, 워드, 엑셀 등 다양한 프로그램을 사용하듯이 문서도 성격에 따라 다양한 포맷에 저장되어 있다. 이렇듯 기업에서 생성, 저장, 재사용하는 정보 중 20%만이 정형 데이터로 구성되어 있고, 나머지 80%는 복합문서(xls, ppt, doc, pdf)와 인터넷 페이지(html) 등의 형태로 구성되어 있다. 따라서 비정형 데이터인 문서로부터 유용한 정보를 추출하고 가공하는 기술이 중요하게 대두되고 있는 것이다.

오답해설

① 에쓰노그라피(ethnography) 분석 : 질적 연구방법의 하나로, 어떤 하나의 문화를 기준으로 묶일 수 있는 민족집단에 참여함으로써 그들이 경험하는 일상의 의미를 생생하게 해석하는 연구방법이다. 에스노그라피(ethnography)는 문화기술지, 민속지학, 민족지학, 심지어는 참여관찰법과 동의어로 쓰기도 한다.

정답 ▶ **28** ③

박문각 공인노무사

정순진 경영학개론
1차 | 기출문제집

제1판 인쇄 2025. 10. 24. | **제1판 발행** 2025. 10. 30. | **편저자** 정순진

발행인 박 용 | **발행처** (주)박문각출판 | **등록** 2015년 4월 29일 제2019-0000137호

주소 06654 서울시 서초구 효령로 283 서경 B/D 4층 | **팩스** (02)584-2927

전화 교재 문의 (02)6466-7202

저자와의
협의하에
인지생략

정가 15,000원
ISBN 979-11-7519-221-8

MEMO

MEMO